SEELEN*splitter*

Andrea Benesch

Bibliografische Information der Deutschen Nationalbibliothek: Die Deutsche Nationalbibliothek verzeichnet diese Publikation in der Deutschen Nationalbibliografie; detaillierte bibliografische Daten sind im Internet über dnb.dnb.de abrufbar.

Herstellung und Verlag: BoD – Books on Demand, Norderstedt

Coverdesign: Cover Up – Buchdesign
Schlusslektorat: Isabelle Romann

ISBN
978-3-7534-9623-8

Triggerwarnung

Einige Gedichte in diesem Buch behandeln möglicherweise triggernde Themen, darunter Mobbing, psychische und verbale Gewalt, Stalking und Traumaerscheinungen.

Bei manchen Menschen können diese Themen negative Reaktionen auslösen. Bitte sei achtsam, wenn das bei dir der Fall ist.

Solltest du von einem der genannten Themen direkt betroffen sein und Hilfe brauchen, wende dich bitte an eine der folgenden Stellen:

Mobbing

„Mobbing-Hilfetelefon"   **0800 0 116 016**

„Nummer gegen Kummer"   **116 111**
für Kinder und Jugendliche
für Eltern Betroffener   **0800 111 0 550**

Zudem gibt es in allen Bundesländern eigene Beratungsstellen.

Stalking

Hilfetelefon, Gewalt gegen Frauen   **0800 0 116 016**

Der Weiße Ring
https://weisser-ring.de/praevention/tipps/stalking

Zudem gibt es auch hier mittlerweile in allen Bundes-
ländern Beratungsstellen.

VOR*wort*

Man könnte meinen, nach mittlerweile drei Gedichtbänden hätte sich eine Art „Routine" eingestellt für das Schreiben von Vorworten, aber so ist es nicht. Ich bin heute noch genauso überwältigt und dankbar wie bei „Dark Rose" im Sommer 2020. Obwohl Muse mich beschäftigt hält und ich ihr Tempo nicht wirklich fassen kann – ich meine, innerhalb eines Jahres vier Gedichtbände, nachdem ich eigentlich daran gezweifelt hatte, ob ich nach „Dark Rose" überhaupt noch einmal so viele Gedichte zusammenbekommen würde, da fehlen mir selbst die Worte. Aber nach meinem ersten Gedichtband folgten „Tintentränen", Anfang 2021 dann „Papercuts" und jetzt „Seelensplitter". Und ich weiß schon jetzt, dass es nicht der letzte Band sein wird. Muse hat bereits fleißig Cover geshoppt und sich Titel ausgedacht.

Nach wie vor schreibe ich, wann immer Muse es mir befiehlt, aber auch dann, wenn sich Schmerz und Dunkelheit in mir aufstauen und ich das Gefühl habe, darin zu ertrinken. Das Schreiben hilft mir, den „Pegel" auf ein erträgliches Maß zu senken.

In diesem Gedichtband erwartet euch wieder eine bunte Mischung. Es geht um viele verschiedene, auch eventuell triggernde Themen, deswegen hat auch dieser Band wieder eine Triggerwarnung bekommen. Aber nicht alle Gedichte sind so „schwer"; wie immer gibt es auch nachdenkliche und positive Worte.

Wie erstmals bei „Papercuts" habe ich auch beim Schreiben von „Seelensplitter" aufgepasst, welches Lied mich inspiriert hat. Denn dieses Mal war wirklich immer ein Lied beteiligt. Ich habe es für euch vermerkt und am Ende des Buches noch einmal alle Titel und Interpreten aufgelistet. Ihr könnt also, wenn ihr wollt, den Soundtrack zu „Seelensplitter" hören.

Und nun wünsche ich euch wundervolle Lesestunden mit „Seelensplitter", hoffe, dass ihr euch selbst in meinen Worten wiederfindet und vielleicht Kraft aus ihnen und dem Wissen schöpfen könnt, dass ihr mit euren Gedanken und Gefühlen nicht allein seid.

Eure Andrea

1000 TRÄUME *und 1000 Wünsche*

Ich weiß, du willst mir helfen.
Ich weiß, du willst mich unterstützen,
willst mir beistehen.
Und dafür liebe ich dich.

Aber leider kannst du das nicht,
weil du nicht weißt, wie es sich für mich anfühlt.
Ich bestehe aus 1000 Träumen
und 1000 Wünschen,
und bis heute
ist nicht ein einziger davon wahr geworden.

Mein ganzes Leben lang
wollte ich Dinge erreichen,
wollte jemand sein,
Bedeutendes tun.
Und wer bin ich jetzt?
Wie bedeutsam ist das, was ich hier tue?

Du sagst mir immer wieder,
meine Worte seien meine Gabe,
mein Geschenk,
mein Talent.

Du sagst mir, wie viel sie dir bedeuten,
dass sie die Kraft haben,
das Leben eines Menschen zu verändern.

Ich möchte dir so gern glauben.
Ich möchte an meine Worte glauben,
an mein Talent,
meine Gabe.
Ich möchte auch etwas Großartiges darin sehen.
Aber alles, was ich sehe,
sind Worte auf Papier, die kaum jemand liest.

Wie kannst du so fest an meine Worte glauben,
wenn ich es selbst nicht fertigbringe?
Wenn ich mich immer wieder frage,
ob ich zu oft über dieselben Themen schreibe,
auch wenn es gerade diese Themen sind,
die mich am meisten beschäftigen.
Ich fürchte mich jeden Tag davor,
dass jemand meine Worte liest
und mir sagt, dass sie nicht gut genug sind.
Dass sie es nicht wert sind, gedruckt zu werden.
Dass ich es nicht verdiene, mich Autorin zu nennen.

Du bist niemals unsicher.
Kann das wirklich sein?
Oder versteckst du deine Unsicherheiten nur besser
als alle anderen?

Du sagst mir immer wieder,
ich soll nicht so viel zweifeln,
und glaube mir, ich wünschte, ich könnte es.
Ich schreibe, weil ich unsicher bin und zweifle,
weil ich so viel Schmerz in mir trage
und weil das Schreiben das Einzige ist,
dass mich all das vergessen lässt.

Normalerweise fühle ich mich
nach dem Schreiben besser,
aber manchmal packt mich dann erneut die Angst.
Die Angst davor, nicht gut genug zu sein.
Die Angst, zu versagen.

Diese Ängste sind dir fremd.
Du gehst mit einem Lächeln durchs Leben.
Du verstehst die Dunkelheit in mir nicht.
Sie berührt dich nicht.

Du verstehst nicht,
dass ich nie so ein fröhlicher Mensch sein kann wie du.
Ich bin zu oft enttäuscht worden,
um noch daran zu glauben,
dass Träume wahr werden.
Dass die Wünsche,
die du an eine Sternschnuppe sendest,
in Erfüllung gehen

oder das Ausblasen der Kerzen auf einer Torte
etwas bewirkt.
Ich bestehe aus 1000 Träumen
und 1000 Wünschen,
und bis heute
ist nicht ein einziger davon wahr geworden.

Und so klammere ich mich weiter an meine Worte,
schicke sie in die Welt hinaus
und fürchte mich jeden Tag vor dem,
was zu mir zurückkommt.
Ich weiß, du willst mir helfen.
Ich weiß, du willst mich unterstützen,
willst mir beistehen.
Und dafür liebe ich dich.
Aber leider kannst du das nicht.
Auch du kannst nicht 1000 verlorene Träume
und 1000 unerfüllte Wünsche
plötzlich wahr machen.
Aber ich liebe dich dafür,
dass du es jeden Tag versuchst.

Zoe Wees – Control

VERTRAUEN

Ich verstecke mich vor der Welt.
Ich versuche, niemandem zu zeigen,
wer ich wirklich bin.
Ich vertraue dir nicht.
Ich vertraue niemandem.
Schon sehr, sehr lange nicht mehr.

Ich habe auf die harte Tour gelernt,
dass es sich nicht lohnt, anderen zu vertrauen.
Egal, wie gut du jemanden zu kennen glaubst,
du kennst ihn niemals richtig.
Es gibt immer geheime Wünsche und Pläne,
die du erst erkennst,
wenn es längst zu spät ist.

Ich war mal ganz anders, weißt du?
Als ich jünger war,
habe ich mein Vertrauen freigiebig verschenkt,
ich habe es verteilt wie Süßigkeiten.
Ich dachte, jeder Mensch ist gut.
Ich vertraute darauf,
dass jeder für jeden nur das Beste will.
Ich war so furchtbar naiv.

Ich habe lange gebraucht, um zu erkennen,
dass die Menschen nicht so sind,
wie ich es erwartet hatte.
Und als ich es schließlich tat,
blutete ich bereits aus unzähligen Wunden.

Ich habe ihnen vertraut, weißt du?
Ich habe ihnen von mir erzählt,
ich habe nichts zurückgehalten,
und sie haben alles gegen mich verwandt.

Weißt du, wie es sich anfühlt,
wenn du glaubst, jemand sei dein Freund,
und dieser jemand erzählt alles weiter,
was du ihm anvertraut hast?
Und nicht aus Versehen, sondern mit Absicht.
Nicht aus Unwissenheit,
sondern mit dem vollen Wissen,
dass man dich damit verletzen wird.

Ich wurde zu oft verletzt.
Ihre Worte rissen zu viele blutige Wunden,
bis ich aus fast nichts anderem mehr bestand
als aus tausend winziger Wunden,
wie Papierschnitte.
Sie sind dünn,
fein,
aber sie bluten und brennen wie Feuer.

Weißt du, wie es sich anfühlt,
wenn deine Seele roh und ungeschützt daliegt?
wenn du weißt,
dass der nächste Schlag der letzte sein wird,
weil du einfach nicht noch mehr ertragen kannst?
Weißt du, wie es sich anfühlt,
sich vor Schmerzen zu winden und zu wissen,
dass sie nicht aufhören werden?
Du weißt, der nächste Hieb wird kommen,
und der nächste Schnitt
wird deine Seele unwiderruflich zerstören,
und du kannst nichts tun, um sie aufzuhalten.

Ich war an diesem Punkt.
Ich blutete aus tausend Wunden,
ich sah dem Ende entgegen
und wartete darauf,
dass sie mich endgültig in den Abgrund stießen,
doch nichts geschah.

In dieser Nacht, als ich auf mein Ende wartete,
entdeckte ich meine Rettung.
Ich fand etwas,
das mir ermöglichte,
meine Wunden lange genug zu verschließen,
um nicht zu verbluten.
Aber alles hat seinen Preis.

Ich stehe vielleicht nicht mehr am Abgrund,
aber wenn deine Seele so viele Narben trägt,
hat das Konsequenzen.
Ich kann nicht mehr vertrauen.
Niemandem.
Niemals.

Ich weiß, du kannst das nicht verstehen.
Du bist vielleicht nicht so naiv, wie ich es war,
aber du hast auch nicht die Hölle erlebt.
Du vertraust nicht jedem blind,
aber du erwartest auch nicht
hinter jedem Lächeln eine Lüge,
lauschst nicht bei jedem Wort auf Untertöne,
die verraten, was der andere wirklich denkt.
Du rechnest nicht jeden Moment
in der Gesellschaft anderer mit Verrat.
Du kannst vertrauen, und ich kann es nicht.

Ich will nicht so sein.
Aber um zu überleben, musste ich wachsam werden.
Misstrauisch.
Vorsichtig.
Ich schütze meine vernarbte Seele um jeden Preis.
Ich lasse niemanden an mich heran.
Ich zeige niemandem, wer ich wirklich bin.
Ich vertraue dir nicht.
Und ich werde es wohl auch niemals können.

Bitte mich nicht, es zu versuchen.
Bitte mich nicht, dir eine Chance zu geben.
Bitte mich nicht, eine Ausnahme für dich zu machen.
Bitte mich nicht, mich verletzlich zu machen.
Ich kann es nicht.
Meine Angst ist größer.
Ich kann nicht wieder an diesem Abgrund stehen.
Ich weiß nicht, ob ich es noch einmal schaffen würde,
nicht zu fallen.
Ich weiß nicht, ob ich noch einmal
die Trümmer meiner Seele kleben kann.
Ich kann dir nicht vertrauen.
Ich kann es einfach nicht.
Ich bin nicht mehr die, die ich einst war.
Ich bin nicht mehr das Mädchen, das vertrauen konnte.
Ich weiß nicht mehr, wie das geht,
und ich will es auch nicht wissen.
Ich will nicht wieder verletzt werden.
Ich kann es nicht riskieren.
Akzeptiere es
und lass mich los.

Freya Ridings - Ultraviolet

Podest

Du liebst mich, das weiß ich.
Du stellst mich auf ein Podest.
Für dich bin ich unfehlbar.
Alles, was ich sage, ist für dich von Bedeutung.
In deinen Augen kann ich übers Wasser gehen.

Aber auf diesem Podest ist es oftmals so einsam.
Ich habe Fehler, das weiß ich.
Ich bin auch nur ein Mensch.
Aber du willst sie nicht sehen.
Du willst in mir die Perfektion sehen,
nach der du gesucht hast
und die niemand erfüllen kann.

Ich will für dich perfekt sein.
Ich will, dass du nicht aufhörst, mich zu lieben.
Aber so kann ich nicht leben.
Es ist etwas anderes,
wenn du mich trotz meiner Fehler liebst
oder gerade ihretwegen,
aber wenn du sie gar nicht siehst,
sie ausblendest und so tust, als gäbe es sie nicht,
dann verleugnest du einen Teil von mir.

Ich weiß nicht, was uns mehr ausmacht,
unsere Fähigkeiten
oder unsere Fehler.
Aber Fakt ist, sie gehören nun mal zu uns,
sie sind ein Teil von uns.
Aber du willst diesen Teil nicht sehen.

Woher soll ich wissen, ob du wirklich mich liebst,
mich als Person,
mich, so wie ich nun mal bin,
oder ob du einfach diese Vorstellung von mir liebst,
diese perfekte Version, die es nur in deinem Kopf gibt.

Ich will, dass du mich siehst, so wie ich bin.
Ich will, dass du mich liebst, mit meinen Fehlern.
Ich will, dass du mich endlich
von diesem Podest herunterholst,
damit wir uns richtig kennenlernen können.
Tu es!
Bitte!
Sonst haben wir keine Chance.
Denn ich werde nicht den Rest meines Lebens
auf einem Podest verbringen.

Lifehouse – Storm

VERSUCHEN

Ich bin kaputt.
Ich weiß nicht, wie oft ich dir das schon gesagt habe.
Ich habe mein Herz schon so oft geflickt,
dass es mich selbst wundert, dass es hält.

Du willst das nicht hören, ich weiß.
Du magst es nicht, wenn ich sage, dass ich kaputt bin,
aber es ist so.
Ich wirke meistens nicht so,
aber nur, weil ich gut darin geworden bin,
es zu verstecken.
Es bedeutet nicht, dass ich in mir drin nicht
unwiederbringlich beschädigt bin.

Du sagst immer wieder, dass ich dir vertrauen soll,
dass ich einfach mein Herz in deine Hände legen
und dich für mich sorgen lassen soll.
Aber das kann ich nicht.
Ich habe gesehen, wohin das führen kann,
wenn man die Kontrolle abgibt,
wenn man sein Leben in die Hände eines anderen legt
und darauf vertraut, dass der andere auf einen aufpasst.

Ich kann nicht aus meiner Haut.
Ich kann dir nicht einfach so vertrauen.
Und noch viel weniger
kann ich meine Zukunft in deine Hände legen.
Ich kann nicht vergessen.

Wenn du mich so ansiehst, will ich dir glauben.
Ich will dir vertrauen.
Ich will glauben, was du sagst.
Ich will glauben, dass du mich für immer lieben wirst.
Ich will glauben, dass du immer für mich da sein
und mich beschützen wirst.
Ich will glauben, dass es dir ernst ist.
Ich will glauben, dass ich dich wirklich kenne.
Aber ich werde diese Stimme einfach nicht los,
die mich warnt.

Sie warnt mich davor, dir zu vertrauen.
Sie warnt mich davor, dir zu glauben.
Sie erinnert mich immer wieder daran,
dass ich schon einmal falschgelegen habe.
Sie erinnert mich an die Konsequenzen und daran,
in welchem Zustand ich mich damals befand.
Sie lässt mich nicht vergessen,
wie sehr ich verletzt worden bin, das letzte Mal,
als ich einem anderen mein Vertrauen geschenkt habe.

Du sagst, du liebst mich.
Und ich glaube, das tust du wirklich.
Jetzt.
Aber was ist morgen?
Oder übermorgen?
Oder in einem Jahr oder in drei?
Ich habe keine Garantie,
dass sich deine Gefühle niemals verändern werden.
Du kannst es nicht garantieren,
auch wenn du es dir im Moment nicht vorstellen kannst.
Und ich kann meine Zukunft
nicht auf Treibsand aufbauen.

Ich weiß, du siehst es nicht so.
Du lebst im Hier und Jetzt,
aber ich kann das nicht.
Die Vergangenheit verfolgt mich,
und die Zukunft macht mir Angst.
Ich kann nicht wissen,
ob du dich nicht schon bald in eine andere verliebst.
Aber wenn du es tust, weiß ich,
dass ich diese erneute Enttäuschung
nicht überleben würde.

Ich würde dir so gerne glauben, wenn du sagst:
Die dunklen Tage sind vorbei.
Ab heute wird es nur noch Licht für dich geben.

Die Freude wird die Traurigkeit ersetzen.
Meine Arme werden dich halten und beschützen,
Werden dein Bollwerk sein gegen die Welt.

Ich wünschte wirklich,
ich könnte deinen Worten glauben.
Ich wünschte,
ich wäre nicht so kaputt.
Ich wünschte,
mein Herz würde nicht bloß von Klebeband
und guten Wünschen zusammengehalten.
Aber ich kann nicht aus meiner Haut.
Ich kann es einfach nicht.

Aber ich bin auch kein Feigling, das war ich nie.
Ich will nicht meine mögliche Zukunft mit dir
aus Angst verpassen.
Ich will nicht eines Tages
allein in meinem Zimmer sitzen und mich fragen:
Was wäre, wenn ich mich getraut hätte,
mich dir anzuvertrauen?

Ich habe Angst.
Große Angst sogar.
Ich zittere am ganzen Leib, aber ich will nicht kneifen.
Ich will versuchen, über meinen Schatten zu springen.
Ich will versuchen, dir eine Chance zu geben.
Ich kann dir nicht sofort geben, was du willst.

Ich werde Zeit brauchen.
Aber ich will es versuchen.
Denn wie heißt es noch gleich:
Prinzessinnen richten ihr Krönchen,
aber Königinnen ziehen ihr Schwert.
Und genau das will ich tun.
Ich will mich nicht immer nur aus den Trümmern
wieder zusammensetzen.
Ich will leben.
Mit dir.

Also werde ich versuchen, dir zu vertrauen.
Ich will versuchen, ein bisschen Kontrolle abzugeben.
Ich will versuchen, dir zu glauben, wenn du sagst:
Die dunklen Tage sind vorbei.
Ab heute wird es nur noch Licht für dich geben.
Die Freude wird die Traurigkeit ersetzen.
Meine Arme werden dich halten und beschützen,
werden dein Bollwerk sein gegen die Welt.
Ich versuche es.

Demi Lovato – Warrior

SCHNEE*wittchen*

Hey Schneewittchen,
ich weiß genau, wie du dich fühlst.
Eingesperrt in einem Glaskasten,
ein hübsches Schmuckstück,
das man anschaut und bewundert.

Sie meinen es gut.
Sie wollen dich nicht loslassen,
aber anstatt zu versuchen, dir zu helfen,
ist es ihnen lieber, dich dauerhaft nur anzusehen.
Ich weiß, wie es ist, wenn alle nur zusehen,
aber niemand etwas unternimmt,
wenn dir niemand hilft.

Bei dir muss erst ein Prinz um die Ecke kommen,
damit du dein Glasgefängnis verlassen kannst.
Bei mir war es kein Prinz.
Ich habe mich selbst befreit.
Ich war es leid, zu warten.

Ich weiß, bei dir war noch viel mehr los,
du hattest größere Probleme als den Glaskasten,
das hatte ich auch.

Aber der erste Schritt war es,
überhaupt aus diesem Ding herauszukommen,
aus der Rolle des Schmucks herauszutreten
und endlich wieder
als Person wahrgenommen zu werden.

Hey Schneewittchen,
ich hoffe wirklich,
dass du mit deinem Prinzen glücklich geworden bist.
Ich bin noch auf der Suche nach meinem.
Ich hoffe,
dass er sich nicht wieder ins Gegenteil verkehrt.
Ich will nicht am Ende wieder
in einem Glaskasten landen.
Und du?

Fink – Looking too closely

ISOLATION

Ginge es nach dir, lebte ich hinter Glas.
Du sagst, du willst mich vor der Welt beschützen,
aber wenn wir ehrlich sind, wissen wir beide,
warum du es wirklich tust.
Du willst mich für dich.

Du hast von Anfang an gesagt,
du teilst nicht gern.
Ich bin selbst schuld,
dass ich es nicht verstanden habe.
Du teilst nicht gern.
Mit niemandem.

Du hast von Anfang an alles darangesetzt,
mich für dich allein zu haben.
Du hast alle vergrault, die mir nahestanden,
hast mich isoliert,
du hast, wie du es so gerne ausdrückst,
die Konkurrenz vertrieben.

Ist es dir nie in den Sinn gekommen,
dass mir die anderen fehlen könnten?
Dass ich sie vermissen könnte?

Dass es mich unglücklich machen könnte,
wenn du sie verjagst?
Aber nein,
wir wissen es beide,
es ist dir nie in den Sinn gekommen.

In deinen Augen habe ich sie gegen dich eingetauscht.
Du hast so lange versucht, mir einzureden,
dass ich niemanden außer dir brauche.
Hast du wirklich geglaubt,
ich würde mich darauf einlassen?

Hast du gedacht,
mich von allen fernzuhalten, würde dazu führen,
dass ich dich ihnen vorziehe?
Dass du meine Liebe dadurch erzwingen könntest,
indem du dafür sorgst,
dass niemand außer dir mehr da ist,
der mir Liebe schenken könnte?

Indem du mich isolierst,
machst du mich nicht in dich verliebt.
Indem du alle verjagst, die mir etwas bedeuten,
treibst du mich nicht in deine Arme.
Indem du mir drohst,
beweist du mir nicht deine Hingabe.
Verwechsle Angst nicht mit Liebe
und Hass nicht mit Leidenschaft.

Ich habe es dir so oft gesagt,
dass ich deine Liebe nicht will,
wenn man das überhaupt noch Liebe nennen kann.
Wir wissen beide,
dass es mehr ist als das,
dass es dunkler ist, als Liebe jemals sein könnte,
dass es gefährlicher und verzehrender ist.

Du nennst es Liebe,
ich nenne es Besessenheit.
Du nennst es Hingabe,
ich nenne es krank.
Du kannst mir drohen, so viel du willst,
du kannst mir Angst machen,
du kannst mich isolieren,
du kannst versuchen, mich einzusperren,
du kannst versuchen, mich zu zwingen,
aber ich werde dir niemals gehören.

Wenn es nach dir ginge,
wärest du der Einzige,
der noch Kontakt mit mir hat,
der mich überhaupt noch zu Gesicht bekäme.
Du willst nicht sehen,
wie verrückt das ist.
Ich will mein Leben nicht als Gefangene verbringen.
Und schon gar nicht will ich es an deiner Seite leben.

Wann siehst du es endlich ein?
Wann verstehst du, dass ich es ernst meine,
wenn ich dich bitte, mich in Ruhe zu lassen.
Du kannst nicht für immer alle verjagen.
Und du kannst mich nicht zwingen,
dich zu wollen.
Lass mich gehen.
Bevor wir beide an deinem Verhalten zugrunde gehen.

Ich werde nicht zerbrechen.
Ich werde nicht aufgeben.
Ich werde dich nicht gewinnen lassen.
Ich gehöre dir nicht.
Ich werde dir nie gehören.
Ich liebe dich nicht.
Sieh es endlich ein
und lass mich ziehen.

Fink - Looking too closely

ZAUBER*spruch*

Manchmal fühle ich mich so schwach,
und ich hasse mich dafür.
Jedes Mal, wenn ich die Angst gewinnen lasse,
jedes Mal, wenn ich den leichten Weg nehme,
jedes Mal, wenn ich den negativen Gedanken nachgebe,
bin ich so unglaublich enttäuscht von mir selbst.

Ich wünschte, ich wäre stärker,
ich wünschte, ich wäre mutiger,
ich wünschte, ich könnte mir selbst mehr verzeihen.

Ich hasse es,
dass ich diese Gedanken nicht einfach aussperren kann.
Ich hasse es, dass ich ihnen immer wieder zuhöre.
Ich hasse es, dass ich mir einreden lasse,
schwach zu sein,
dumm zu sein,
unfähig zu sein,
ich will nicht andauernd so schlecht von mir denken.
Ich will mich nicht selbst fertigmachen,
aber ich weiß auch nicht, wie ich es schaffe,
diesen Gedanken kein Gehör zu schenken.

Ich will nicht schwach sein.
Ich will mich nicht klein und hilflos fühlen.
Ich will nicht andauernd an mir zweifeln.
Ich will nicht jedes Wort hinterfragen
und auf die Goldwaage legen.
Ich will nicht alles immer sofort persönlich nehmen.
Ich will nicht nach einer versteckten Bedeutung
in Worten suchen.
Ich will nicht ständig auf Ablehnung gefasst sein.
Ich will nicht pausenlos mein Gegenüber analysieren.

Ich will selbstbewusst sein.
Ich will stark sein.
Ich will mutig sein.
Ich will zu meinen Entscheidungen stehen
und sie nicht ständig hinterfragen.
Ich will nicht bei jedem abschätzigen Blick
an mir heruntersehen
und nach Flecken und Fehlern suchen.
Ich will nicht mehr so unsicher sein.

Kennst du einen Zauberspruch dafür?
Kennst du die magischen Worte,
die mir diese Ängste nehmen?
Die mir Selbstvertrauen schenken?
Verrätst du sie mir?

Skunk Anansie - Weak

HÄLFTE

Es ist schwer, weißt du?
Verdammt schwer sogar,
wenn man einmal komplett war,
wieder als Hälfte zu leben.
Du hast mich komplett gemacht.
Du warst meine andere Hälfte.
Durch dich war ich ganz.

Ich hatte gar nicht gewusst,
dass ich nur eine Hälfte war, weißt du?
Ich hatte keine Ahnung.
Es war immer so gewesen,
woher hätte ich es wissen sollen?
Du vermisst nichts,
was du nicht kennst, heißt es ja.
Und es stimmt.
Ich habe dich nicht vermisst,
ich habe nicht gewusst,
wie es sich anfühlt, ganz zu sein.
Jetzt weiß ich es,
und jetzt vermisse ich es.
Sehr.

Ich hatte keine Ahnung, dass mir etwas fehlte.
Aber als ich dir begegnete, wusste ich,
dass etwas anders ist,
dass ich anders bin, wenn du da bist.
Mit dir ging alles leichter.
Das Atmen,
das Leben,
einfach alles.
Ich fühlte mich angekommen.
Sicher.
Du warst mein sicherer Hafen,
mein Zuhause.
Und ich war deins.

Du hast mich komplett gemacht und ich dich.
Wir waren so schnell eine Einheit,
und zusammen waren wir einfach ganz.

Jetzt,
ohne dich,
fehlt einfach meine andere Hälfte.
Bei jedem Atemzug spüre ich, dass da etwas fehlt.
Du wurdest mir aus dem Herzen gerissen,
und die ausgefransten Kanten,
wo du einst warst,
bluten noch immer.

Diese Leere hat deinen Platz eingenommen.
Ich weiß jetzt, wie es sich angefühlt hat, ganz zu sein.
Wie es ist, seine andere Hälfte gefunden zu haben.
Sein Zuhause nicht mehr an einem Ort,
sondern in einem anderen Menschen zu haben.

Ohne dich weiß ich nicht mehr,
wer ich eigentlich bin.
Es ist so schnell gegangen,
dass ich nicht mehr ich war,
sondern die eine Hälfte eines Wir.
Niemand hat mir gesagt, wie schön es ist,
Teil eines Wir zu sein.
Und keiner hat mich davor gewarnt,
wie weh es tut,
eine zerrissene Hälfte zu sein.

Ich trauere nicht nur um dich, weißt du?
Sondern auch um die, die ich war,
als du noch da warst.
Ich mochte dieses andere Ich sehr.
Ich war ausgeglichener,
ruhiger,
glücklicher,
fröhlicher,
einfach so viel mehr dem Leben zugewandt.
Jetzt beherrscht diese Leere mein Leben,
wo einst du warst.

Ich bin es so gewohnt, dich neben mir zu wissen.
Ich drehe mich um, aber du bist nicht da.
Ich vergesse es immer wieder, weißt du?
Ich strecke meine Hand nach dir aus,
aber deine Bettseite ist kalt und verlassen.
Ich will mich dir zuwenden,
aber du sitzt nicht wie sonst neben mir.
Ich will mich an dich anlehnen,
aber es ist niemand da.
Da ist nur diese Leere, wo vorher du warst.

Es ist zum Kotzen, wenn man der ist, der übrig bleibt.
Wenn man der ist, der mit dieser Leere leben muss,
mit dieser blutenden Wunde, die vorher ein Herz war.
Ich weiß nicht mehr, wer ich vor dir war.
Und ich weiß nicht, wer ich heute bin,
ohne dich.
Ich bin eine übrig gebliebene Hälfte eines Ganzen.
Eine Hälfte von etwas Großem,
etwas Besonderem.
Aber eben nur eine Hälfte.
Ich weiß nicht, ob ich ohne dich
jemals wieder ganz sein kann.

Lewis Capaldi – Bruises

Früher

Früher warst du mein Anker.
Früher warst du mein Halt.
Du warst der, zu dem ich gerannt bin,
wenn ich Trost gesucht habe.
Du warst der, dem ich mich anvertraut habe.
Du warst der, dem ich mein Herz ausgeschüttet habe.
Du warst der, bei dem ich Rat gesucht habe.
Heute ist das nicht mehr so.

Was ist bloß aus uns geworden?
Wie kann dieses Gefühl,
diese Sicherheit,
dieses Vertrauen,
einfach so weg sein?

Wie kann es sein,
dass ich dir heute überhaupt nichts mehr erzähle?
Wie kann es sein,
dass du heute der Letzte bist,
von dem ich mir Trost erhoffe?
Wie kann es sein,
dass du heute nicht mehr mein Anker bist,
sondern der, der das rettende Seil durchschneidet?

Wie kann es sein,
dass du heute nicht mehr mein Halt bist,
sondern der, der mich in den Abgrund stößt?

Wie konnten wir uns nur so verändern?
Früher lag so viel Liebe in deinem Blick,
jedes Mal, wenn du mich angesehen hast.
Ich wusste, dass du mich liebst,
ich wusste, dass du immer für mich da sein würdest,
ich wusste, dass du meine Drachen erschlägst
und ich mich in deinen Armen
immer sicher fühlen würde.

Aber ich fühle mich nicht mehr sicher bei dir.
Und du würdest auch keinen Finger mehr
für mich krumm machen,
außer es springt dabei etwas für dich heraus.
Wie sind wir hier gelandet?
Wieso liegt in deinem Blick keine Liebe mehr?
Wieso ist alles, was ich sehe,
wenn du mich ansiehst, Ablehnung
oder höchstens Gleichgültigkeit,
wenn du einen guten Tag hast?

Weißt du, was am meisten weh tut?
Die Erinnerung.
Jedes Mal, wenn mich etwas an früher erinnert,
bricht mir das Herz.

Es fühlt sich an,
als würde mir jemand ein Messer ins Herz rammen.
Manchmal wünschte ich,
ich könnte mich nicht mehr an früher erinnern.
Das würde es leichter machen.
Aber gleichzeitig
will ich diese Erinnerungen in mir einschließen.
Ich will nicht,
dass sie von meinen heutigen Gefühlen für dich
besudelt werden.
Sie sind alles, was von damals noch übrig geblieben ist.
Alles, was von dem, der du einst warst, noch übrig ist.
Manchmal glaube ich,
wenn ich diese Erinnerungen aufgebe,
habe ich dich endgültig verloren.
Dann muss ich akzeptieren,
dass dieser Mann nicht mehr da ist
und nie mehr wiederkommt.

Morten Harket - Brother

KETTEN, *Vulkan und Treibsand*

Worte können einen in Ketten legen.
Nicht nur Worte,
auch Erlebnisse.
Sie können so tiefe Wunden schlagen,
dass es sich anfühlt,
als würden sie niemals verheilen.

Irgendwann verschorfen sie,
und du glaubst, sie seien verheilt.
Dann passiert etwas,
ein Wort oder irgendetwas anderes,
und der Schorf wird abgerissen.
Die Wunde blutet wieder, und du erkennst,
dass sie nicht verheilt ist.
Sie war immer da,
unter dem Schorf.
Versteckt.
Wie ein Vulkan,
der vielleicht im Moment nicht aktiv ist,
der unter einer Schicht erstarrter Lava schlummert,
aber irgendwann ausbricht.

Wenn deine Wunde aufbricht
und du wieder blutest,
fühlt es sich genauso an.
Der Vulkan in deinem Inneren explodiert,
die Lava fließt und fließt und fließt,
und du fragst dich,
ob sie jemals wieder damit aufhören wird.

Die Lava strömt aus dem Vulkan
wie die Tränen aus deinen Augen.
Unaufhaltsam,
und alles in ihrem Weg geht in Flammen auf.

Die Lava wälzt alles nieder,
alles, was du dir in den letzten Jahren aufgebaut hast.
Alles ist plötzlich unwichtig geworden
im Angesicht des Schmerzes,
der dich zu ersticken droht.

Es ist faszinierend.
Wir alle glauben,
diesen Schmerz längst überwunden zu haben,
aber er ist noch immer da.
Er lauert auf seine Chance.
Und es braucht manchmal nur ein Wort oder eine Geste,
um alle Mauern,
die du zu deinem Schutz errichtet hast,
zum Einsturz zu bringen.

Und du erkennst,
dass du sie auf Treibsand gebaut hast.
Der Schmerz wird dich nie ganz verlassen.
Manchmal spürst du ihn für längere Zeit nicht,
aber er ist trotzdem da.
Diese Wunden reichen zu tief,
um jemals ganz zu heilen.
Sie bestimmen deine Handlungen,
ob es dir bewusst ist oder nicht.

Weißt du, wie schwer es mir fällt,
anderen Menschen auch nur die kleinste Kleinigkeit
von mir zu offenbaren?
Noch immer habe ich große Probleme mit Vertrauen.
Ich wittere noch immer bei jedem netten Wort,
jeder freundlichen Geste
eine Falle.

Es ist schrecklich, diese Worte niederzuschreiben,
denn sie sind wahr.
Ich will es mir nicht eingestehen,
aber so gut ich auch darin geworden bin, zu verstecken,
was diese Jahre aus mir gemacht haben,
was sie von mir übrig gelassen haben,
ich kann es nicht abschütteln.
Ich kann es nicht überwinden.
Weil die Wunde nur verschorft, aber nicht verheilt.

Ich trage so viel Schmerz in mir,
dass ich manchmal Angst habe,
ihn in Worte zu fassen,
ihn in die Tinte auf diesem Papier fließen zu lassen.
Ich habe Angst, wenn ich die Schotten einmal öffne,
sie nie wieder schließen zu können.

Der Schmerz lebt in mir.
Ich glaube, das wird er immer tun.
Ich kann ihre Worte und Taten
einfach nicht hinter mir lassen.
Sie begleiten mich.
Jeden Tag.

Manchmal frage ich mich,
wer mich eigentlich in Ketten legt.
Wer mir so große Angst
vor anderen Menschen macht.
Ihre Worte?
Ihre Taten?
Meine Erlebnisse?
Die panische Angst vor einer Wiederholung?
Oder ist es die Angst selbst,
die mich in Ketten gelegt hat?

Wer sät immer wieder
den Samen des Zweifels in mir?
Ihre Worte und Taten?

Meine Vergangenheit?
Oder meine Angst?

Ich wünschte wirklich,
ihre Worte und Taten hätten nicht
so eine nachhaltige Wirkung auf mich.
Ich wünschte, ich könnte sie einfach abschütteln,
sie überwinden.
Aber ich glaube, das wird mir nie restlos gelingen.
Ihre Worte haben den Boden verbrannt,
ihre Taten die Samen gepflanzt,
und meine Angst hat sie gewässert.
Die Zweifel nagen andauernd an mir.
Sie zerren die Worte wieder hervor:
Fett.
Eklig.
Hässlich.
Widerlich.
Und gemeinsam schaffen sie es immer wieder,
mich zu Boden zu bringen.

Ich weiß,
dass ich mich von ihnen in Ketten legen lasse.
Ich weiß,
dass ich mich noch immer, so gut ich kann,
vor der Welt verstecke.
Ich weiß,
dass ich wahrscheinlich glücklicher und erfüllter wäre,

wenn ich mehr Menschen
in mein Leben lassen würde.
Wenn ich ihnen eine Chance gäbe,
mich wirklich kennenzulernen.
Mich.
Nicht die Version, die ich ihnen vorspiele.
Nicht die Version, die ich erfunden habe,
als ich ein Teenager war,
allein,
ausgestoßen,
verletzt,
am Boden.
Nicht die Version, die nach außen hin so tut,
als höre sie die Worte nicht.
Als wären sie nicht wie Dolche,
die immer neue Wunden reißen.

Manchmal wünschte ich,
ich könnte die Ketten meiner Zweifel
einfach sprengen,
sie hinter mir lassen,
meine Flügel ausbreiten und davonfliegen.
Aber ich glaube nicht, dass ich das je schaffen werde.
Vielleicht bin ich dafür zu sehr beschädigt.
Vielleicht habe ich aber auch einfach zu viel Angst,
mich erneut in die Welt hinauszuwagen
und wieder so schrecklich verletzt zu werden.

Es heißt, Zeit heile alle Wunden.
Aber seien wir mal ehrlich,
das kann sie nicht.
Sie kann dafür sorgen,
dass sich Schorf auf den Wunden bildet.
Sie kann dafür sorgen,
dass auf verbrannter Erde wieder etwas wächst.
Sie kann dafür sorgen,
dass neue Mauern gebaut werden können.
Sie kann dafür sorgen, dass Lava erstarrt.
Aber der Vulkan brodelt weiter,
und manchmal bricht er auch aus.
Das ist der Lauf der Dinge.
Aber ein kleiner Teil von mir
hat die Hoffnung noch nicht aufgegeben,
dass auch meine Wunden
vielleicht eines Tages heilen werden.
Irgendwann.
Vielleicht.
Hoffentlich.

Wonderwall – Just more

TRAURIG

Weißt du, warum ich traurig bin?
Ich weiß es nämlich nicht.
Ich habe eigentlich keinen Grund,
deprimiert zu sein.
Ich habe einen Job, den ich liebe,
ich habe ein Zuhause,
ich bin kreativ,
aber trotzdem spüre ich manchmal
diese unendliche,
unergründliche,
unerschöpfliche Traurigkeit.

Und wenn mich diese Traurigkeit
plötzlich überschwemmt
wie Wellen im Meer,
fühle ich mich so verloren.
Als hätte ich meinen Anker verloren
und triebe nun ganz allein auf hoher See.
Warum bin ich traurig?
Warum fühle ich mich einsam,
wenn ich es doch eigentlich nicht bin?

Warum kann ich diese Gefühle nicht abschütteln
oder überwinden?

Warum kommen sie immer wieder?
Und jedes Mal, wenn die Traurigkeit mich übermannt,
fühle ich mich schlecht,
weil ich doch eigentlich kein Recht habe,
traurig zu sein.

Ich habe so viel, wofür ich dankbar bin.
Mein Leben ist heute so viel besser,
als es jemals zuvor war.
Warum bin so undankbar?
Warum bin ich traurig,
wenn ich so viele Gründe habe,
um glücklich und zufrieden zu sein?

Warum jammere ich herum,
wenn es mir doch so viel besser geht
als so vielen anderen?
Denkst du, ich beschwöre damit Unglück herauf?
Warum werde ich diese Traurigkeit einfach nicht los?
Ich will nicht traurig sein!
Ich will mich nicht einsam fühlen!
Ich will genießen, was ich habe,
und nicht um das trauern,
was ich nie haben werde.
Warum kann ich das nicht?

Denkst du, diese Traurigkeit
wird mich je ganz verlassen?

Denkst du, ich werde sie je überwinden?
Wenn ich doch nur wüsste, woher sie kommt ...

Sag mir, bin ich undankbar?
Habe ich wirklich kein Recht darauf,
traurig zu sein,
auch wenn ich keine Ahnung habe, warum?
Weißt du, warum ich traurig bin?
Wenn du es weißt, dann sag es mir.
Vielleicht würde es mir helfen,
diese Traurigkeit endlich
aus meinem Leben zu verbannen.
Das würde ich mir so sehr wünschen.
Ich will nicht traurig sein.
Ich will wertschätzen, was ich habe.
Ich will glücklich sein.
Ich will zufrieden sein.
Hilf mir dabei.

Freya Ridings – Lost without you

Weihnachten

Was bedeutet Weihnachten für dich?
Ist es da schönste Fest des Jahres
oder das traurigste?
Das Fest der Liebe und der Familie
oder der Tag im Jahr,
der uns unser Alleinsein
am deutlichsten vor Augen führt?

Was ist für dich am wichtigsten?
Die freien Tage?
Die Geschenke?
Das gute Essen?
Wenn wir ehrlich sind,
wollen wir eigentlich alle das Gleiche zu Weihnachten:
Liebe und Gemütlichkeit.

Aber was,
wenn eben nicht alle zusammenkommen können?
Wenn das Haus oder die Wohnung
nicht vor Leben sprüht,
wenn wir am Tag der Tage
allein vor unserem Baum sitzen?

Wenn man wenigstens telefonieren kann, geht es noch,
oder skypen,
wenn man sich wenigstens hört oder sieht.
Aber was ist mit denen, die niemanden haben?
Ist Weihnachten überhaupt Weihnachten,
wenn man es allein feiert?

Ich weiß nicht, wie es sich anfühlt,
wenn man an diesem Tag
ganz allein in seiner Wohnung sitzt.
Ich glaube schon,
dass einen da die Einsamkeit überkommt.
Und das ist traurig.
Denn wir alle verbinden doch
zumindest ein paar schöne Erinnerungen
mit diesem Tag.
Es ist ein Tag, an dem ich mir wünsche,
dass einfach alle Menschen glücklich sind.
Ich weiß, das ist naiv,
aber trotzdem wünsche ich es mir.
Ich will, dass an Weihnachten
jeder dieses Gefühl von Gemütlichkeit spürt,
wenigstens für einen Abend
Ruhe und Frieden erlebt.

Es ist egal,
ob man mit vielen Menschen feiert oder wenigen
oder gar allein.

Auf das Gefühl kommt es an.
Kennst du dieses Weihnachten-Gefühl?
Wenn die Welt scheinbar für ein paar Stunden stillsteht,
es warm und gemütlich ist,
der Weihnachtsbaum und das Essen
um die Wette duften
und unter dem Baum ein paar Geschenke liegen,
selbst wenn du sie dir selbst machst.

Mir schenkt Weihnachten
immer so eine innere Ruhe.
An diesen Tagen,
vor allem aber am Weihnachtsabend
tanke ich Kraft für das ganze Jahr.
Aber was,
wenn dir diese Ruhe
und der Frieden nicht vergönnt sind?
Sei es durch äußere Einflüsse,
wenn du in einem Gebiet lebst,
das von Unruhen erschüttert wird,
oder durch innere,
wenn du einfach nicht zur Ruhe kommst.
Am schlimmsten finde ich es,
wenn es in der Familie Streit gibt.
Es ist immer unangenehm und belastend,
wenn es kracht,
aber an Weihnachten finde ich es zerstörerisch.

Weihnachten ist ein Tag,
an dem wir auf einem dünnen Seil balancieren.
Ein falscher Schritt,
ein falsches Wort,
eine Geste, die falsch aufgefasst wird,
und schon kann die Stimmung kippen,
und wir fallen in den Abgrund.
Und wenn man gerade an Weihnachten
von dieser düsteren Stimmung befallen wird,
ist es umso schwerer, sie wieder loszuwerden.
Du kannst dich auch inmitten deiner Familie
einsam fühlen.

Wir alle verbinden mit diesem Tag
große Erwartungen.
Es gibt etwas Leckeres
und oft auch etwas Besonderes zu essen,
das natürlich auf gar keinen Fall misslingen darf.
Man verbringt viel Zeit miteinander,
mehr als normalerweise,
jeder ist aus anderen Gründen angespannt,
und es kommt leicht zu Streit,
vor allem, wenn man sowieso
zu Missverständnissen neigt.
Jeder bangt,
ob die ausgesuchten Geschenke wohl gefallen,
und die Enttäuschung ist auf beiden Seiten groß,
wenn sie es nicht tun.

Weihnachten ist ein Fest der Familie,
aber auch der Erwartungen.
Wir alle wollen, dass es „perfekt" ist,
aber so leicht ist das nicht.
So vieles kann schiefgehen.
Und dann ist da ja auch noch der menschliche Faktor.
Trotzdem wünsche ich mir jedes Jahr,
dass jeder ein schönes Weihnachten feiern kann,
in Ruhe und Frieden,
ob mit der Familie oder allein.
Ich wünsche mir, dass niemand allein sein muss,
oder wenn, dass er es sich wenigstens
schön machen kann.
Ich wünsche mir,
dass jeder ein bisschen Ruhe und Frieden tanken kann,
entspannte Tage verbringen darf
und sich Weihnachten einfach wie Weihnachten anfühlt.
Das ist mein größter Wunsch.
Naiv, ich weiß,
aber trotzdem wünsche ich es mir.

Michael Patrick Kelly - Forever Young

FLUCH *und Segen*

Kennst du das,
wenn dein Kopf vor lauter Ideen zu platzen droht?
Wenn deine Kreativität
dich ohne Pause mit Ideen beschießt,
wenn du eine Station mit dem Zug zu weit fährst,
weil du einfach nicht aufhören kannst zu schreiben,
wenn du mit einem Block vor dem Gesicht
durch die Gegend läufst,
weil du es einfach loswerden musst?

Meine Kreativität ist ein Fluch und ein Segen zugleich.
Ein Segen, weil ich alles aus mir herauslassen kann,
alles verarbeiten kann,
alles in etwas Schönes verwandeln kann,
dank ihr.
Aber sie ist auch ein Fluch,
weil sie sich nicht kontrollieren lässt.
Sie sprudelt und sprudelt und sprudelt,
wenn sie es will.
Sie nimmt keine Rücksicht darauf,
ob ich gerade Zeit habe oder nicht.
Es ist ihr egal, ob ich schlafen muss.
Es ist unerheblich, ob ich gerade beschäftigt bin.

Klar, es geht mir besser,
wenn ich sehe, wie Ideen Gestalt annehmen.
Wenn sie zu etwas Größerem werden
als Worte, die ich hastig irgendwo draufkritzle.
Aber manchmal fühlt sich diese Kreativität
auch wie ein Zwang an.

Ich frage mich, ob ich je an den Punkt kommen werde,
an dem ich auf mein Geschriebenes hinunterblicke
und selbst erkenne:
Das ist Kunst.
Ich kann es nicht so sehen.
Vielleicht empfinde ich die Kreativität deswegen
manchmal als Last.
Aber die Sache ist die:
So oft ich mich auch beschwere,
meine Kreativität ist mein Treibstoff,
ohne sie wäre ich schon längst
in der Umlaufbahn meines Lebens verglüht.

Ich schimpfe,
ich fluche,
ich jammere,
aber meine Kreativität ist ein Teil von mir,
sie hält mich gesund.
Und so bleibe ich weiterhin die Frau,
die hektisch in der Bahn kritzelt,

die mit einem Block vor dem Gesicht
durch die Straßen läuft
und die wegen zu wenig Schlaf jammert.
Ich bin kreativ.
Aber so dankbar ich auch bin,
ich sehe beiden Seiten täglich ins Gesicht.
Fluch und Segen.

Paula Dalla Corte feat. Samu Haber & Rea Garvey – Someone Better

AUSSTERBENDE *Worte*

Unsere Sprache ist stetig im Wandel.
Immer wieder entstehen neue Worte,
sie verdrängen andere,
lassen sie aussterben.

Manchmal habe ich Mitleid
mit diesen aussterbenden Worten.
Jahrzehnte, vielleicht sogar jahrhundertelang
waren sie in aller Munde,
und jetzt kennt sie niemand mehr.

Sie finden ihr Grab zwischen Buchdeckeln.
Vergessen.
Sie werden nur noch von denen geschätzt,
die es lieben, sogenannte Klassiker zu lesen.
Leute wie ich.

Ich werde euch nicht vergessen.
Ich freue mich, euch zu lesen, meine alten Freunde.
Ich erfreue mich noch immer an eurem Klang.
In meinem Sprachgebrauch lebt ihr weiter:

Obgleich.
Obschon.
Kommod.
Getrost.
Gleichwohl.
Augenweide.
Blümerant.
Ich werde euch nicht vergessen.
Für mich bleibt ihr lebendig!

The Weepies – World spins madly on

INSTINKTE

Weißt du, was in den Schatten lauert?
Weißt du, wessen Augen auf dir ruhen?
Weißt du, wessen Schritte du hinter dir erklingen hörst?
Weißt du, ob du die Bewegung,
die du aus den Augenwinkeln wahrgenommen hast,
wirklich gesehen hast?

Weißt du, was schlimmer ist als die Gewissheit,
dass da wirklich jemand ist,
der dich ständig im Blick hat?
Die Ungewissheit.
Es ist schlimmer, es nicht zu wissen.
Es ist schlimmer,
wenn du dich immer und immer wieder fragst,
ob du dir diese Dinge einbildest,
ob du verrückt wirst,
ob du paranoid bist.

Wie viele Menschen begegnen dir jeden Tag?
Manchmal kommt dir ein Gesicht bekannt vor,
jemand, der immer dieselbe U-Bahn zur Arbeit nimmt
wie du.
Jemand, der immer zur selben Zeit
die Straße überquert wie du.

Jemand, den du schon hundert Mal
oder öfter gesehen hast,
den du aber erst heute ganz plötzlich wahrnimmst.
Woher willst du wissen,
dass dich nicht ebenso jemand wahrgenommen hat?
Und woher willst du wissen,
ob diesem jemand
diese Begegnungen nicht irgendwann
nicht mehr reichen?
Du kannst es nicht wissen.

Diese Ungewissheit macht dich verrückt.
Wenn du die Blicke auf dir spüren kannst,
die Schritte hinter dir hören kannst,
wenn du dir sicher bist,
jemanden gesehen zu haben,
aber wenn du dich umdrehst, ist niemand da.

Du zweifelst an dir.
Du hinterfragst alles.
Du spielst es herunter,
redest dir ein, dass das nicht sein kann,
dass du überreagierst.
Du hältst es nicht für möglich.
Du denkst, so etwas passiert nur im Film.
Aber das ist nicht so.

Viel zu oft spürst du die Blicke,
weil sie tatsächlich da sind.
Du hörst die Schritte,
weil dir wirklich jemand folgt.
Du glaubst,
jemanden aus den Augenwinkeln gesehen zu haben,
weil du es tatsächlich getan hast.

Ich wünsche mir für dich,
dass dieser Fall niemals eintreten wird.
Aber wenn er es tut,
vertrau auf deine Instinkte.
Spiel es nicht herunter.
Ziehe es nicht ins Lächerliche.
Wenn du die Blicke spürst
und die Schritte hörst
und dir beinahe sicher bist,
jemanden gesehen zu haben,
dann nimm es ernst.
Vertrau deinen Instinkten,
vertrau deinem Körper.
Hör auf die Gänsehaut, die deine Arme überzieht.
Hör auf dein Bauchgefühl,
auf deinen Magen, der Achterbahn fährt.
Du weißt es, wenn es ernst ist.
Hab Vertrauen in dich.

Lauren Daigle - Still Rolling Stones

MEIN *Zuhause*

Wir alle haben gute und schlechte Tage.
Und wir alle haben manchmal absolut beschissene Tage.
Tage, an denen einfach alles schiefgeht,
egal, was wir tun,
egal, wie sehr wir uns auch bemühen.
Und meistens gibt es an solchen Tagen auch immer
noch ein paar andere Menschen,
die uns den Todesstoß verpassen.

Und dann liegen wir auf unserem Bett daheim
und weinen uns die Augen aus dem Kopf.
Wir leiden unter all dem,
was uns an diesem Tag misslungen ist.
Und irgendwie kocht alles immer wieder hoch
und gräbt sich tiefer und tiefer in unser Herz.

Wenn alles einfach nur noch beschissen ist,
sich alles gegen mich verschwört
und es sich anfühlt,
als würden die Tiefschläge nie wieder ein Ende nehmen,
weißt du, was mir da hilft?
Du.

Ich liebe dich dafür, weißt du?
Wie du mich im Arm hältst und mir zuflüsterst,
dass alles wieder gut wird.
Wie du mich ganz fest an dich drückst
und deine Arme ein Bollwerk um mich herum bilden,
ein Bollwerk, das niemand durchdringen kann.
Du bietest mir Sicherheit und Geborgenheit.

Und wenn alle auf mir herumhacken und ich mich klein
und wertlos
und dumm fühle,
weißt du noch, was du dann immer zu mir sagst?
Lass mich dich halten.
Lass mich dich beschützen.
Lass mich deine Festung sein.
Lass mich deine Armee sein.
Lass mich deine Feinde bekämpfen.
Lass mich deine Schlachten schlagen.
Lass mich deine Kriege führen.
Lass mich dein Held sein.
Lass mich für dich da sein.
Lass mich dein Rettungsanker sein.

Ich weiß,
dass du nicht all meine Feinde vernichten kannst.
Ich weiß,
dass du nicht all meine Schlachten
für mich schlagen kannst.

Ich weiß,
dass du nicht all meine Kriege
für mich gewinnen kannst.
Aber trotzdem bist du mein Held.
Trotzdem bist du mein Rettungsanker.
Denn deine Arme geben mir Sicherheit,
wenn ich in den stürmischen Wellen
meiner Gefühle zu ertrinken drohe.

Du gibst mir mehr,
als nur meine Kämpfe für mich auszufechten.
Du gibst mir einen Ort,
an dem es keine Kämpfe,
keine Feinde
und keine Kriege gibt.
Du schenkst mir Frieden
mit deiner Umarmung.
Du schenkst mir Liebe
mit deinen Worten.
Du gibst mir alles, was ich brauche,
wenn ich es brauche.
Du bist mein sicherer Hafen,
mein Zufluchtsort.
Und dafür liebe ich dich noch mehr,
als ich es sowieso schon tue.

Du bist nie genervt von meinen Tränen.
Du wirst nie ungeduldig,
wenn ich mich aussprechen muss.
Du bist nie gönnerhaft oder von oben herab.
Du hörst mir immer zu.
Und wenn ich nicht mehr reden kann,
dann schlingst du deine starken Arme um mich
und bietest mir Trost und Liebe
und ein Zuhause.
Du bist mein Zuhause.
Und ich hoffe, du wirst es immer sein.

Lauren Daigle – Rescue

LIEBE

Wir alle haben schwache Momente.
Momente, in denen wir der Stimme in uns nachgeben,
die uns sagt:
Du bist nicht gut genug.
Du bist nicht hübsch genug.
Du bist nicht erfolgreich genug.
Du bist nicht klug genug.
Du bist einfach nicht genug.

Ich bin nicht perfekt, das weiß ich.
Ich kann schnell wütend werden.
Ich habe Probleme damit, anderen zu vertrauen.
Ich bin nachtragend.
Und manchmal bin ich auch neidisch.
Ich weiß nicht, ob ich ein guter Mensch bin,
aber ich hoffe es.
Ich möchte es sein.

Du schaffst es, dass ich all das vergesse.
Wenn du bei mir bist, frage ich mich nicht,
ob ich gut genug bin
oder hübsch genug.
Denn in deinen Augen bin ich das.
Und das Schönste ist, du sagst es mir auch.

Du weißt, dass ich diese Worte hören muss.
Aber was ist, wenn du einen schwachen Moment hast?
Wenn dir die Stimme einredet,
du seist nicht attraktiv genug?
Nicht erfolgreich genug,
nicht männlich genug,
nicht stark genug.
Ich weiß,
dass auch dich manchmal solche Gedanken quälen.
Aber weißt du, warum ich weiß,
dass das mit uns für immer halten wird?
Weil du es mir sagst, wenn dich die Stimme quält.
Du behältst es nicht für dich.
Du machst nicht einen auf starken Mann,
du redest mit mir.
Du sagst es mir,
wenn auch du diese Worte von mir hören musst.
Und du lässt mich dein Anker sein,
wie du auch meiner bist.

Du erlaubst es mir, schwach zu sein.
Und du erlaubst es mir, stark zu sein.
Du vertraust mir.
Du lässt mich dich
auch in deinen dunkelsten Momenten sehen.
Und das bedeutet mir mehr, als ich sagen kann.
Du bist genauso oft der Held
wie der, der getröstet werden muss.

Du bist ebenso mein,
wie ich dein bin.
Du leihst mir deine Schulter zum Anlehnen,
und du erlaubst es mir, dir meine zu leihen,
wenn du sie brauchst.

Ich glaube, das ist es, was Liebe wirklich ausmacht:
Zusammen nicht nur stark zu sein,
sondern auch gemeinsam schwach zu sein.
Wir alle wollen, dass uns unser Partner für perfekt hält
oder zumindest für möglichst nah dran.
Aber das sind wir nicht, keiner von uns.
Wir haben Stärken und Schwächen,
aber gerade das Vertrauen, das es braucht,
um Letztere zu offenbaren,
das ist es, das uns beweist,
dass das mit uns echt ist.
Du vertraust mir deine Schwächen an.
Du zeigst mir, wer du wirklich bist,
auch in deinen dunklen Augenblicken.
Und du fängst mich auf, wenn ich das Gleiche tue.
Das macht Liebe aus.

Silbermond - Irgendwas bleibt

ABER *glaube*

Bist du abergläubisch?
Läufst du unter Leitern durch
oder wirfst Salz über deine Schulter?
Glaubst du, schwarze Katzen bringen Unglück
oder Freitag, der Dreizehnte?

Klopfst du auf Holz, um Unglück abzuwenden?
Oder hast du irgendwelche anderen Rituale,
die dir Glück bringen sollen?

Ich finde es faszinierend,
welche Angewohnheiten wir so entwickeln,
in der Hoffnung, dass sie uns Glück bringen
oder Unglück verhindern.
Manche nennen sie Marotten,
andere Zwänge
und wieder andere Aberglauben.

Manche glauben,
sie müssten ein bestimmtes Kleidungsstück tragen,
um Erfolg zu haben.
Andere treten immer mit einem bestimmten Fuß
zuerst auf

oder tragen verschiedenfarbige Socken.
Wieder andere berühren ein Symbol an ihrer Haustür.

Es ist egal, was es ist,
aber es verschafft uns ein gutes Gefühl.
Wir fühlen uns sicherer,
mutiger,
beschützt,
selbstbewusst.
Manche Dinge werden von Generation
zu Generation weitergetragen,
bis niemand mehr weiß, wo sie eigentlich herkommen
oder was sie einst bewirken sollten.
Andere sind eine Modeerscheinung
und ganz plötzlich wieder verschwunden.

So einige machen sich
über abergläubische Menschen lustig.
Sie fühlen sich ihnen überlegen,
weil sie nicht daran glauben,
dass Freitag, der Dreizehnte, Unglück bringt
oder es irgendetwas hilft,
Salz über die Schulter zu werfen.
Aber auch diese Menschen haben ihre eigenen Rituale.
Vielleicht nehmen sie sie gar nicht mal mehr
bewusst wahr.
Aber sie haben sie.
Jeder hat sie.

Viele reden über Aberglauben,
als wäre er zwingend etwas Schlechtes.
Natürlich gibt es das auch,
aber der meiste Aberglaube ist nicht schlecht
oder dumm.
Er macht uns mutig.
Er gibt uns Kraft.

Wer sind wir,
einem anderen diesen Quell an positiven Gefühlen
ausreden zu wollen?
Sollten wir nicht viel lieber dankbar dafür sein,
dass etwas so Einfaches,
wie einen Schornsteinfeger zu berühren,
uns das Gefühl geben kann, dass alles wieder gut wird,
egal, was gerade auch schieflaufen mag?

Es gibt so vieles auf dieser Welt,
das uns Angst macht,
aber zum Glück gibt es auch diese positiven Momente,
diese kleinen Oasen der Zuversicht
und des Glaubens an das eigene Glück.
Augenblicke der Unbeschwertheit
und des Vertrauens.

Ich bin dankbar für diese Momente,
die mir der Aberglaube zu schenken vermag.
Ich bin dankbar für dieses kleine bisschen Kontrolle.

Und auch ich glaube an meine kleinen Rituale.
Sie geben mir das Gefühl,
bestens für den Tag gerüstet zu sein,
machen mir Hoffnung, wenn ich mutlos bin
oder Angst habe.
Ich wünsche jedem Menschen seinen Aberglauben,
seinen Quell der Hoffnung auf das Glück.

Calum Scott – You are the reason

DIE ZWEI SEITEN *des Neids*

Von klein auf imitieren wir andere.
Wir beobachten ihre Bewegungen,
lauschen ihren Worten,
wir ahmen sie nach,
das ist, wie wir lernen.

Und wir tun es noch heute.
Do-it-yourself-Videos fluten das Internet,
Social Media explodieren fast
vor lauter Fotos der Selbstdarstellung.
Aber indem wir anderen zeigen,
was wir können und haben,
schüren wir auch Neid.

Ich glaube, Neid steckt in unserer Biologie.
Wir sehen, was ein anderer kann, und imitieren ihn,
weil wir das auch können wollen.
Das Problem ist nur,
was, wenn es nicht klappt?

Probieren wir es weiter?
Vielleicht sogar immer und immer wieder?
Aber was, wenn es trotzdem nicht klappt?

Bewundern wir den anderen umso mehr,
nun, da wir wissen,
wie schwer diese Sache wirklich ist?
Oder beneiden wir ihn darum,
dass er es kann und wir nicht?
Und wenn wir ihn beneiden,
ist es der harmlose Neid, der zwar nicht schön ist,
aber auch nicht wirklich gefährlich,
oder ist es der dunklere Neid,
der, der zu Hass wird
und tödlich enden kann?

Ich will nicht, dass Neid mein Leben vergiftet.
Ich will nicht, dass er mein Handeln bestimmt.
Ich will nicht, dass er meine Gedanken übernimmt.
Ich will niemanden beneiden.
Ich will mich nicht unzulänglich fühlen.
Ich will mein Leben und meine Fähigkeiten
nicht plötzlich mit anderen Augen sehen,
nur weil ich jemanden beneide.

Ich wünschte, ich könnte darüberstehen.
Ich glaube, unser Leben wäre ohne Neid
so viel glücklicher.
Wir wären zufriedener.
Auf jeden Fall wäre es besser
für unser Selbstbewusstsein.

Warum können wir nicht einfach nur
den harmlosen Neid empfinden?
Den, der uns anspornt, Dinge zu lernen und zu können?
Warum muss da auch immer der andere sein?
Der, der Menschen unzufrieden und gefährlich macht.
Welchen Neid empfindest du?
Und wen beneidest du?
Und vor allem: Worum beneidest du ihn?

Sind es materielle Dinge?
Schöne Kleider,
ein großes Haus,
ein teures Auto?
Oder sind es Fähigkeiten, um die du ihn beneidest?
Oder gar ein bestimmter Mensch,
der zu seinem Leben gehört?

Ganz egal, warum du jemanden beneidest,
ich wünsche mir für dich,
dass dieser Neid nicht dein Leben vergiftet.
Dass er nicht dafür sorgt, dass du das, was du hast,
nicht mehr wertschätzt,
weil das, was dieser andere Mensch hat,
dir so viel verlockender und besser erscheint.
Ich wünsche mir für dich,
dass der Neid nicht dein Leben zerstört.
Lass dir von ihm nicht dein Leben diktieren.

Lass dich von seinen guten Seiten anspornen,
aber gib nicht dem dunklen Flüstern nach.
Dieses Flüstern hat nicht dein Bestes im Sinn.

Neid ist ein Gefühl mit zwei Seiten.
Es gibt den guten Neid,
der uns anspornt, besser zu werden,
der uns dazu bringt, neue Fähigkeiten zu erlernen.
Aber es gibt auch den schlechten Neid,
der uns unzufrieden und wütend macht.
Den Neid, der uns gefährlich und böse machen kann.
Welcher Neid bestimmt dein Handeln?
Der gute oder der dunkle?
Welche Seite wählst du?
Oder hast du dich schon längst entschieden?

London Grammar - Strong

DIE *Tür*

Ich weiß, ich blocke dich oft ab.
Ich weiß nicht einmal so genau, warum ich das tue.
Vielleicht aus Gewohnheit.
Ich lasse nicht oft jemanden an mich heran.
Meistens halte ich die Menschen eher auf Abstand.

Ich bin vielleicht einfach zu oft verletzt worden.
Ich halte die Tür zu meinem Herzen fest verschlossen.
Ich habe sie gut gesichert, weißt du?
Drei Schlösser,
Sicherheitsriegel,
alles, was man halt so braucht.
Aber ich habe nicht mit dir gerechnet.

Du versuchst gar nicht erst,
sie mit Gewalt aufzubrechen.
Du respektierst ihre Anwesenheit.
Du hämmerst nicht dagegen.
Du klopfst.
Immer und immer wieder.
Du gibst nicht auf, egal,
wie oft dir die Tür auch verschlossen bleibt.

Warum machst du das?
Warum lässt du dich nicht entmutigen?
Bisher hat doch noch jeder irgendwann aufgegeben.
Warum du nicht?

Du sagst, ich sei es wert, auf mich zu warten.
Du sagst, es macht dir nichts aus.
Du sagst, du willst, dass ich mir sicher bin.
Du, was mich noch viel mehr verwirrt, ist,
dass du es wirklich so zu meinen scheinst.

Du bist so anders als alle anderen.
Du versuchst nicht, mich zu ändern,
du nimmst mich, wie ich bin.
Du versuchst nicht, mich zu manipulieren,
du lässt mich meine eigenen Entscheidungen treffen.
Du willst, dass ich glücklich bin,
und weißt du, was?
Du bist der Erste, dem ich das auch glaube.

Du beweist dich mir jeden Tag aufs Neue.
Ein Teil von mir wartet immer noch darauf,
dass ich eine andere Seite von dir entdecke,
eine weniger nette, weniger verständnisvolle Seite.
Und ich hasse mich dafür.
Ich will nicht immer nach Hintergedanken suchen.

Warum fällt es mir so schwer, daran zu glauben,
dass das, was ich sehe, wahr ist?
Bitte, lass es wahr sein.
Bitte, sei ehrlich zu mir.
Bitte, tu mir nicht weh.
Bitte, sei der eine unter einer Million,
der mich nicht belügt.
Bitte, versprich mir,
dass ich nicht eines Tages aufwachen werde
und neben einem Fremden liege.

Du bittest mich um mein Vertrauen,
und alles in mir
will es dir mit einer Schleife darum überreichen,
aber da ist dieser kleine Teil in mir,
der es einfach nicht kann.

Ich kann die Tür nicht offen stehen lassen,
so bin ich einfach nicht.
Aber ich kann sie unverschlossen lassen,
vielleicht sogar angelehnt.
Ich will es versuchen,
wenn du es auch tust.

Sia – Helium
Allison Miller – Let my love open the door

ICH *liebe dich*

Ich weiß, du liebst mich.
Und ich weiß auch,
dass du es mir nicht anders zeigen kannst
als mit Geld.
Du gibst es mir,
kaufst mir Dinge,
schenkst mir Dinge
und glaubst, das kompensiert,
dass du es noch nie über dich gebracht hast,
die Worte auch nur einmal auszusprechen:
Ich liebe dich.

Du sagst, du kannst es nicht.
Du hast diese Worte noch nie ausgesprochen
und noch nie so für einen Menschen empfunden.
Ich verstehe das.
Du zeigst es mir auf deine Weise.
Aber verstehst du nicht,
dass mir all dieses Geld
und all der Krempel
im Vergleich zu dir nichts bedeuten?

Ich scheue mich nicht, die drei Worte zu sagen:
Ich liebe dich.
Ich sage sie dir jeden Tag.
Und jeden Tag antwortest du mir
mit einem Kuss
und einem „du kennst mein Herz".
Ja, ich kenne dein Herz,
und ich kenne dich.
Trotzdem tut es manchmal weh.

Ich will kein Geld von dir,
und ich brauche längst nicht so viele Geschenke.
Alles, was ich will, bist du.
Du und deine Zeit.
Und wenn du die Worte nicht sagen kannst,
vielleicht kannst du sie ja aufschreiben?
Ich muss sie einfach manchmal von dir hören,
und wenn das nicht geht, dann wenigstens lesen.
Ist das so eine unmögliche Bitte?
Nein, oder?
Dann erfüll sie mir doch bitte.
Tu es für mich.
Ich bitte dich.

Gabriel Mann – Only you

BUMERANG-*Liebe*

Deine Liebe ist wie ein Bumerang,
sie kommt immer wieder zu mir zurück.
In einem Moment überschüttest du mich damit,
im nächsten bin ich abgeschrieben,
ersetzt durch eine andere.
Und kaum habe ich mich davon erholt,
schon willst du mich zurück.

Ich hab genug davon.
Egal, wie oft du mir auch sagst,
dass es das letzte Mal war,
egal, wie sehr du mich darum bittest,
dir zu verzeihen,
ich bin es leid.

Ich weiß nicht, warum du das tust.
Und noch weniger weiß ich,
warum du jedes Mal wieder bei mir vor der Tür stehst.
Willst du einfach nur nicht allein sein,
oder hast du wirklich Gefühle für mich?

Wenn du wirklich so etwas wie Liebe
für mich empfindest
oder Zuneigung
oder wenigstens Freundschaft,
dann sei so gut
und nimm deine Bumerang-Liebe und vergiss mich.
Denn ich kann und werde so nicht weitermachen.

Ich gebe dir keine weiteren Chancen.
Ich lasse mich von dir nie wieder einwickeln.
Du respektierst mich nicht.
Und ich bin mir auch sicher, dass du mich nicht liebst.
Denn würdest du es tun,
würdest du mich nicht immer
und immer wieder verletzen.
Du würdest nicht so mit meinen Gefühlen
und meinem Herzen spielen.

Du selbst lieferst den besten Beweis dafür,
dass deine Bumerang-Liebe keine echte Liebe ist.
Oder zumindest ist sie nicht so, wie Liebe sein sollte.
Liebe sollte dich dazu motivieren,
den anderen glücklich zu machen,
sein Wohl über dein eigenes zu stellen.
Liebe ist nicht da
und ein paar Wochen später wieder verschwunden,
nur um in ein paar weiteren Wochen wieder da zu sein.

Ich weiß nicht,
was du dir von deinem Verhalten erhoffst
oder was deine Gründe dafür sind,
aber ich hab genug davon.
Ich habe dich wirklich geliebt, weißt du?
Doch das ist schon sechs Chancen her.
Du hast mir beinahe
den Glauben an die Liebe genommen,
ist dir das klar?
Du und deine Bumerang-Liebe.
Wenn du das nächste Mal vor meiner Tür stehst,
werde ich nicht aufmachen.
Du hast zu viele Chancen verspielt,
und ich verdiene etwas Besseres
als deine Bumerang-Liebe, von der ich nie weiß,
ob sie nicht schon morgen einer anderen gehört.
Ich bin mehr wert als das.
Auch wenn du es vielleicht nicht siehst,
aber mir ist es jetzt klar geworden.
Also leb wohl, ich werde dich nicht vermissen,
dich und deine Bumerang-Liebe.

James Vincent McMorrow – Higher Love

KAPUTT *und ganz*

Ich weiß, du hast schon viel erlebt
und noch viel mehr gesehen.
Du hast einmal zu mir gesagt,
deine Seele sei viel zu sehr zerrissen,
um jemals wieder ganz zu sein.

Ich glaube das nicht.
Du bist nicht kaputt.
Ich habe dein wahres Ich gesehen,
nicht den, der du zu sein vorgibst.
Du tust immer so hart und unnahbar,
aber innen drin bist du ganz anders.

Zu mir warst du immer nur nett.
Als wüsstest du,
dass auch in mir vieles kaputt ist.
Du hast mich direkt durchschaut,
du wusstest, wo meine Schwachpunkte sind,
und du hast dich nicht darauf gestürzt.
Du hättest mich zerstören können,
aber du hast dich dafür entschieden,
mich aufzubauen, anstatt mich zu Boden zu stoßen.

Du sagst,
du kriegst die Albträume nicht mehr aus deinem Kopf.
Ich weiß, was du meinst.
Ich kriege meine
manchmal auch nicht aus meinem Kopf.
Sie wiederholen sich immer wieder,
und egal, wie sehr ich es auch versuche,
ich schaffe es nicht, das Ende zu ändern.
Ich weiß,
dass deine Albträume viel schlimmer sind als meine.
Ich habe dich schreien gehört.
Aber bitte, versteck dich nicht vor mir.
Lass mich das Pflaster
auf den Wunden deiner Seele sein.
Lass mich dich halten und dir beistehen.
Lass mich dein Anker sein.

Du bist nicht zu kaputt, um geliebt zu werden.
Das hast du einmal zu mir gesagt,
und für dich gilt das Gleiche.
Auch ich habe es dir zuerst nicht geglaubt,
aber du hast mir bewiesen, dass es stimmt.
Allein deine Anwesenheit macht alles besser.
Lass mich das Gleiche für dich tun.
Lass mich deine Albträume verjagen.
Lass mich deine Ängste entkräften.
Lass mich dir beweisen, dass du geliebt werden kann.
Denn ich tue es.

Ich liebe dich,
egal, wie kaputt du auch sein magst.
Ich liebe dich,
auch wenn du von Albträumen heimgesucht wirst.
Ich liebe dich,
obwohl ich die Schatten in deinen Augen gesehen habe.
Ich liebe dich,
weil du so bist wie ich.
Ich liebe dich,
weil du die Hölle überlebt hast.
Ich liebe dich,
weil nur du mir das Gefühl geben kannst,
zumindest manchmal, wieder ganz zu sein.

Alles, was ich will, ist, dich zu lieben,
also lass mich.
Ich bitte dich, lass mich einfach.
Und glaub es mir, wenn ich dir sage,
dass ich dich liebe.
Denn das tue ich,
aus vollem Herzen
und für alle Zeit.

Ich weiß, wir sind beide kaputt,
aber hast du schon einmal darüber nachgedacht,
dass wir zusammen vielleicht wieder ganz sein können?
Vielleicht nicht das Ganze, das wir einmal waren,
bevor uns das Leben zerschmettert hat,

aber vielleicht ergeben unsere beiden Hälften
zusammen wieder ein Ganzes,
ein neues Ganzes,
ein Besseres.

Lass mich dich lieben.
Lass mich dich halten.
Lass mich dir durch deine schwarzen Tage helfen.
Denn du tust es bei mir ja auch.
Nimm meine Liebe an, ich bitte dich.
Lass uns wieder ganz sein.
Zusammen.

Gabriel Mann – Only you

OZEAN

Ist dir eigentlich klar,
dass wir uns immer über dieselben Dinge streiten,
jedes einzelne Mal?
Ich bin es so leid.

Warum tun wir das?
Warum schaffen wir es nicht,
diese Themen ein für alle Mal abzuhaken?
Warum wärmen wir sie immer und immer wieder auf?

Ich bin so müde.
Ich habe keine Kraft mehr dafür.
Du willst nicht hören,
was ich dir zu sagen habe,
und ich kann deine Lügen nicht mehr hören.

Früher hast du mich nie belogen.
Früher hast du geschwiegen,
wenn du über etwas nicht reden wolltest.
Heute lügst du.
Du lügst, selbst wenn du weißt,
dass ich weiß,
dass du mich anlügst.
Und das tut, glaube ich, am meisten weh.

Dir ist klar,
dass ich deine Lügen durchschaue.
Und trotzdem tischst du sie mir wieder auf.

Warum ist das so?
Was denkst du?
Haben wir verlernt, miteinander zu reden?
Oder hast du einfach den Respekt vor mir verloren?

Seit wann bin ich die Wahrheit nicht mehr wert?
Oder wenigstens eine glaubhafte Lüge?
Warum machst du dir nicht einmal mehr die Mühe,
dir eine Lüge auszudenken,
die wahr sein könnte?
Ist es dir egal, was ich denke?
Und wenn es so ist,
warum lügst du dann überhaupt noch?

Ich bin es leid.
Ich bin es wirklich leid.
Ich will nicht mehr streiten,
und ich will nicht mehr belogen werden.

Ich weiß,
dass es nie wieder so werden kann wie früher.
Es ist zu viel passiert.
Unser letzter Streit ist eine Woche her,
aber mir wird jetzt erst klar,

dass es wirklich unser letzter war.
Es wird keinen weiteren mehr geben.

Für mich ist diese Beziehung beendet.
Das war sie wahrscheinlich schon längst,
aber keiner von uns hat es über sich gebracht,
die Worte tatsächlich auszusprechen.
Wir sitzen auf dem Sofa und schauen fern.
Früher haben wir uns über die Filme unterhalten,
die wir gerade sahen.
Wann haben wir damit aufgehört?
Wann haben wir angefangen,
uns nur noch anzuschweigen?

Und jetzt sitzen wir nebeneinander,
und diese wenigen Zentimeter
fühlen sich an wie ein ganzer Ozean.
Du, ich und ein Ozean zwischen uns.

Ich werde es dir morgen sagen.
Ich will nicht mein Leben
in einer Beziehung verbringen,
die mich nicht glücklich macht.
Ich will keinen Ozean zwischen mir und dem Mann,
der jede Nacht neben mir im Bett liegt.
Ich will ihn ständig berühren wollen
und nicht dankbar für den Abstand sein.

Ich will im Arm gehalten werden,
geliebt und geschätzt werden.
Für mich gibt es kein Zurück mehr.
Es ist vorbei.
Und morgen werde ich dich
und den Ozean hinter mir lassen.
Für immer.

The GooGoo Dolls - Iris

VIELE *Gesichter*

Ich habe Angst, weißt du das?
Jedes Mal, wenn ich dir gegenüberstehe.
Ich weiß nie,
mit welchem Teil deiner Persönlichkeit
ich es dieses Mal zu tun bekommen werde.
Mal bist du lieb, nett und fürsorglich,
du kümmerst dich um mich,
trägst mich auf Händen.
Dann wieder bist du eiskalt,
verletzend
und gemein.

Du nutzt deine körperliche Überlegenheit gegen mich,
willst mich unterwerfen
und dir und mir gleichermaßen beweisen,
dass ich dir nichts entgegensetzen kann.
Warum tust du das?

Deine Stimmung wechselt so schnell,
dass ich kaum eine Chance habe, mitzukommen.
Eben noch lächelst du entspannt,
im nächsten Moment rast du vor Eifersucht

und bist getrieben von dem Drang, dir
und mir zu zeigen,
dass ich noch immer dir gehöre.

Manchmal gibst du mir das Gefühl,
auf Wolken zu schweben,
geliebt zu werden,
kostbar zu sein.
Dann wieder sorgt dein Verhalten
für eine eisige Leere in mir,
die sich oft genug anfühlt,
als wäre sie bodenlos.
Du lässt mich fliegen,
und du bist es auch,
der an meiner Drachenschnur reißt
und mich ungebremst auf den Boden knallen lässt.

Liebst du mich
oder siehst du mich eher als Besitz?
Bin ich deine Freundin
oder einfach nur ein hübscher Schmetterling,
den du am liebsten hinter Glas sperren willst?

Ich weiß nie, welches deiner vielen Gesichter
mich heute ansehen wird,
wenn ich deinem Blick begegne.

Was wird es heute sein?
Wolken oder Boden?
Zärtlichkeit oder Schmerz?

Macht es dir Spaß?
Genießt du es, dass du mir Angst machst?
Machst du das mit Absicht,
damit ich nie weiß, woran ich bei dir bin?
Verunsicherst du mich,
damit ich tue, was du willst?
Manipulierst du mich?

Es ist müßig, darüber nachzudenken,
das ist mir klar.
Du wirst mich niemals gehen lassen,
das wissen wir beide.
Denn eines haben deine vielen Gesichter gemein:
Sie alle haben nie einen Hehl daraus gemacht,
dass sie mich behalten wollen.
Egal, ob du nett zu mir bist oder sogar süß
oder ob du mich mit deinen Worten und Taten verletzt,
ich weiß, dass ich dir nie entkommen kann.
Du wirst mich nicht aufgeben,
und ich weiß, dass ich nicht weit kommen werde.

Aber ergeben werde ich mich trotzdem nicht.
Das kann ich nicht.

Nicht, weil ich Angst habe,
dass du dann das Interesse verlierst,
ich weiß, dass es nicht so sein wird,
sondern weil ich diesen kleinen Teil von mir
um jeden Preis bewahren muss.
Du kannst mich unterwerfen,
mir deine Kraft und deine Macht beweisen,
aber diesen Teil von mir wirst du nie bekommen.
Und das treibt dich in den Wahnsinn.
Du wirst mich nie in Ruhe lassen,
aber ich werde nie aufhören, gegen dich zu kämpfen.
Niemals.
Niemals.
Niemals!

Denmark + Winter - Enjoy the silence

DIE KRAFT *der Worte*

Ich bin immer wieder überwältigt
von der Kraft der Worte.
Sie schaffen es,
einem an einem schrecklichen Tag
trotzdem ein Lächeln ins Gesicht zu zaubern.
Oder einen an einem eigentlich guten Tag
in den Abgrund zu stoßen.

Ein paar Worte genügen,
um dir klarzumachen,
dass deine harte Schale
eigentlich gar nicht so hart ist.
Dass du trotz gegenteiliger Beteuerungen
Menschen an dich herangelassen hast,
nur um im nächsten Moment
wieder einmal vor Augen geführt zu bekommen,
warum du normalerweise
niemandem mehr traust.

Nur wenige Worte,
aber ihre Wirkung ist heftig.

Sie können dir das Gefühl geben,
drei Meter groß zu sein
oder weniger wert
als eine Zigarettenkippe am Boden.

Worte können dein Rettungsanker sein
oder dein Sicherungsseil durchschneiden.
Sie können dir ein wohlig warmes Gefühl geben
oder deine Seele in winzige Stücke schneiden.

Die Kraft der Worte ist mit nichts anderem
zu vergleichen,
im guten und im schlechten Sinne.

Rag'n'Bone Man - Odetta

SAG MIR, *warum*

Warum hast du das getan?
Du weißt, was für Probleme ich
mit Vertrauen habe.
Du kennst meine Geschichte,
ich habe sie dir selbst erzählt.
Ich habe dir vertraut.
Also, warum hast du das getan?

Ich vertraue eigentlich niemandem,
aber dir habe ich vertraut.
Doch du hast dich dafür entschieden,
mein Vertrauen mit Füßen zu treten.
Du hast mir aber nicht nur dadurch bewiesen,
dass es dumm ist, anderen zu vertrauen,
sondern auch, dass ich dumm bin,
weil ich noch immer
offensichtlich meine Lektion nicht gelernt habe.

Ich dachte eigentlich,
mich könnte so leicht nichts mehr verletzen.
Ich dachte, ich hätte schon so viel erlebt
und meine Mauer sei so dick,

dass daran alles abprallen würde.
Aber dem ist nicht so.

Du hast mich verletzt.
Ich hasse es, das zugeben zu müssen,
aber so ist es.
Du hast das geschafft,
was so vielen so lange Zeit nicht mehr gelungen ist.
Ich hoffe, du bist stolz auf dich.
War es das wert?

Sag mir, warum hast du das getan?
Warum hast du dir mein Vertrauen erschlichen,
nur um mich dann auf diese Art zu verraten?
Sag mir, warum!
Was gibt dir das?

Sag mir, hast du überhaupt eine Ahnung,
was du mir damit angetan hast?
Ich habe mich schon viele Jahre
nicht mehr so gefühlt wie jetzt.
Dumm.
Naiv.
Lächerlich.
Und das bin ich wohl auch in deinen Augen, oder?
Lächerlich.
Weil ich dir vertraut habe.

Ich habe dir deine Lügen geglaubt.
Jede einzelne.
Ich wollte daran glauben,
dass du der Mensch bist,
für den ich dich gehalten habe.
Ich wollte nicht glauben,
dass du mich wirklich so verarscht hast.
Aber das hast du.

Sag mir, warum!
Warum hast du das getan?
Ist dir nicht klar,
was das mit mir macht?
Ist dir klar,
dass ich vielleicht nie wieder in der Lage sein werde,
einem anderen Menschen zu vertrauen?

Dass du mir vielleicht endgültig
die Fähigkeit dazu genommen hast?
War es das wert?

Sag mir, war es das wirklich wert?
Oder bin ich dir tatsächlich so egal?
Bin ich in deinen Augen
nicht einmal ein kleines bisschen Respekt wert?

Ich wünschte, ich könnte dich hassen.
Ich wünschte wirklich,

ich könnte meine vielen Gefühle kanalisieren,
in Hass auf dich.
Aber das kann ich nicht.
So bin ich nicht.
Ich richte das eher nach innen,
das war schon immer so.

Ich mache mir Vorwürfe,
weil ich so dumm gewesen bin,
dir zu vertrauen.
Ich hasse mich selbst dafür,
wie ich mich gerade benehme.
Ich hasse die Tränen auf meinen Wangen,
die einfach nicht aufhören wollen, zu fließen.
Ich hasse diese Schwäche.
Und immer wieder
kreisen meine Gedanken
um diese eine Frage:
Warum?

Warum war ich so dumm?
Warum habe ich dir vertraut?
Warum habe ich deine Lügen geglaubt?
Warum habe ich dich
so nah an mich herangelassen?
Warum habe ich dir die Macht gegeben,
mich zu verletzen?

Sag mir, warum.
Sag es mir einfach.
Warum?

Rag'n'Bone Man - Odetta

ACHT

Es ist gruselig, weißt du?
Dass du oft nicht merkst,
dass du am Boden bist,
bis du an dem Punkt angelangt bist,
ab dem es fast kein Zurück mehr gibt.

Was glaubst du,
warum merken wir das nicht?
Warum merken wir nicht,
wenn sich so viel Dunkelheit
und Schmerz
in uns ansammeln,
bis es so viel ist,
dass wir fast unter dem Gewicht zerbrechen?

Ich bin auch so jemand.
Ich merke es nicht,
wie sich immer mehr auftürmt.
Ja, ich bin trauriger,
bedrückter,
aber nichts deutet darauf hin,
dass ich auf den Abgrund zurase,
bis ich vor ihm stehe.

Und manchmal merke ich es nicht einmal dann,
sondern erst,
wenn ich auf dem Boden aufschlage.

Vielleicht liegt es daran,
dass ich schon so lange mit dem Schmerz lebe,
dass ich ihn gar nicht mehr richtig wahrnehme,
außer er wird um ein Vielfaches stärker.
Wie ein Mensch mit chronischen Schmerzen.
Man gewöhnt sich an den Schmerz,
er wird Teil unseres Lebens,
bis wir ihn im Alltag kaum noch richtig wahrnehmen.
Er ist einfach immer da.

Körperliche Schmerzen
gibt man oft auf einer Skala
von eins bis zehn an.
Aber was ist mit dem Schmerz in uns drin?
Wie misst man den?
Wie misst man einen Schmerz,
für den es keine Pillen gibt,
der aber deswegen noch lange nicht
weniger verheerend ist.

Vielleicht merke ich es deswegen immer erst so spät,
wenn der Schmerz zu groß wird.
Wenn du jeden Tag mit einer Acht lebst,
wenn die Acht schon so sehr ein Teil deines Lebens ist,

wie sollst du es da rechtzeitig merken,
wenn aus der Acht plötzlich eine Zehn wird?

Weißt du, wie das ist,
jeden Tag mit einer Acht zu leben?
Ich hoffe es nicht.
Ich wünsche mir Besseres für dich!

Aber es wird sein wie immer.
Ich lebe mit der Acht, bis sie eine Zehn wird.
Ich werde fallen.
Ich werde auf dem Boden aufschlagen
und mich wundern, wie ich dahin gekommen bin,
und dann kommen die Worte
und tragen den Schmerz mit sich davon,
bis ich wieder eine Acht bin
oder sogar weniger.
Ich weiß schon gar nicht mehr, wie es ist,
mit einer Sieben zu leben
oder einer Sechs.

Was, denkst du, wird es dieses Mal sein?
Eine Acht?
Eine Sieben?
Oder sogar eine Sechs?
Denkst du, ich werde es jemals auf eine Eins schaffen?
Oder bin ich dafür einfach viel zu kaputt?

Ich weiß es nicht.
Aber ich wünsche es mir.
Das muss toll sein.
Ich wäre so gern eine Eins.

Ilse Delange – Leiser

BIST DU *stolz auf dich?*

Bist du stolz auf dich?
Bist du zufrieden mit deiner Leistung?
Ja, du hast mich fertiggemacht.
Ich liege hier
zusammengerollt auf dem Boden
und versuche, mich irgendwie
vor dem Schmerz zu schützen.
Als könnte ich so deine Worte davon abhalten,
auf mich einzuprasseln,
mich zu verprügeln,
mich in Stücke zu reißen.

Aber das kann ich nicht.
Es ist dir egal.
Es kümmert dich nicht,
dass ich nicht mehr kann,
dass ich innerlich schon aus eintausend Wunden blute,
du machst immer weiter.
Und deine Worte hören einfach nicht auf.
Es wird immer schlimmer
und schlimmer
und schlimmer.

Seit wann hasst du mich so sehr?
War es schon länger so,
und ich habe es einfach nicht gesehen?
Du musst mich hassen,
sonst würdest du das nicht tun.
Wo ist dein Mitgefühl?
Oder habe ich das in deinen Augen nicht verdient?

Und so liege ich hier
und versuche verzweifelt,
mich vor den Tritten deiner Worte zu schützen.
Vergeblich.
Und mit jedem weiteren Wort
stirbt ein kleines Stück von mir.
Bist du stolz auf dich?
Ist es das, was du wolltest?
Dann herzlichen Glückwunsch:
Du hast es geschafft.

Liz Longley – This is not the end

VERSPRECHEN

Ich weiß, die Welt dreht sich nicht um mich.
Ich weiß, deine Welt dreht sich nicht um mich.
Aber manchmal wäre es schön,
wenn ich dir wichtig genug wäre,
um deine Versprechen zu halten.

Ich kann mich nicht auf dich verlassen,
und das tut weh.
Ich weiß, ich bin nicht deine oberste Priorität,
aber ich wünschte, ich hätte wenigstens eine.
Ich komme bei dir nicht an erster Stelle,
das ist nicht schön, aber ich kann damit leben.
Womit ich nicht leben kann, ist,
an letzter Stelle zu kommen.
Zumindest fühlt es sich so an.

Ich komme bei dir unter ferner liefen.
Du kannst es leugnen, wenn du willst,
aber wir beide wissen, dass es stimmt.
Ich rufe dich an, und du drückst mich weg.
Ich bitte dich um etwas,
und du versprichst, es zu tun,
und tust es nicht.

Ich frage dich, wieso, und du schaust mich an,
als hätte ich das Problem,
als sei ich das Problem
und nicht du, obwohl du es doch warst,
der sein Versprechen gebrochen hat.

Ich habe keine Kraft mehr dafür, weißt du?
Ich kann nicht mehr an letzter Stelle kommen.
Ich kann keine Ausreden mehr für dich erfinden.
Und ich kann es nicht länger hinnehmen,
wenn du dich mir gegenüber so verhältst.
Ich habe mehr verdient.
Ich habe zumindest Respekt verdient.
Aber den bekomme ich von dir nicht.

Es tut weh.
Es tut weh, zu erkennen,
dass es die Version von dir,
an die ich mich so gut von früher erinnern kann,
nicht mehr gibt.
Ich weiß nicht, wann es passiert ist,
aber irgendwann scheinst du entschieden zu haben,
dass ich der Mühe nicht mehr wert bin.
Du brichst deine Versprechen.
Du lässt mich im Stich,
immer und immer wieder,
und du hast nicht einmal so viel Anstand,
dich wenigstens dafür zu entschuldigen.

Wir sind keine Kinder mehr.
Wir sind erwachsen,
zumindest eine von uns.
Ich hätte nie gedacht,
dass es einmal so weit kommen würde.
Aber hier sind wir.

Ich weiß nicht, ob du eine andere hast
oder ob du einfach so entschieden hast,
mich aus deiner Prioritätenliste zu streichen,
und das Schlimmste ist:
Es ist mir mittlerweile egal.
Es ist mir egal, ob du mich betrügst.
Es ist mir egal, ob du mich belügst.
Es ist mir egal, was du mir alles verschweigst.
Und weißt du, warum?
Weil ich irgendwann auf dem Weg begriffen habe,
dass du mir auch nichts mehr bedeutest.

Du willst also Geheimnisse vor mir haben?
Du willst keine Verpflichtungen?
Du willst nicht auf deine Versprechen
festgenagelt werden?
Du willst ungebunden sein?
Du willst lügen?
Dann bitte, tu das.
Aber erwarte nicht,
dass ich hier sitze und auf dich warte.

Leb dein Leben, wie du willst,
es geht mich nichts mehr an.
Meine Koffer sind gepackt,
mein Schlüssel liegt auf dem Esstisch.
Ich werde nicht zurückkommen.
Ich habe Besseres als dich verdient.
Und endlich habe ich das auch begriffen.

Anna Akana – Need you now

SPRINGST *du?*

Es kann einem Angst machen,
ein Risiko einzugehen,
alles auf eine Karte zu setzen,
bis einem nichts anderes mehr übrig bleibt,
als zu hoffen.

Immer wieder kommen wir im Leben an einen Punkt,
an dem wir uns einfach entscheiden müssen,
mutig zu sein oder feige,
zu springen oder den sicheren Weg einzuschlagen.

Wir fragen uns immer und immer wieder,
ob wir das Richtige tun,
ob wir uns für den richtigen Weg entschieden haben.
War es klug, ängstlich zu sein?
War es dumm, zu springen?
Egal, wie du dich entscheidest,
die Gedanken begleiten dich.
Sind ein Teil von dir,
ein Teil, deiner Geschichte.

Was machst du?
Bist du eher der, der springt,
oder eher der, der den sicheren Weg wählt?
Ich wähle eigentlich immer den sicheren Weg.
Ich habe so große Angst, Fehler zu machen,
mich falsch zu entscheiden
und den Konsequenzen nicht gewachsen zu sein.

Ich halte oft den ungefährlichen Weg
für den richtigen,
er scheint weniger bedrohlich.
Aber auch ich frage mich oft,
ob ich nicht viel zu oft gekniffen habe,
wenn ich hätte springen sollen.

Habe ich mir zu viele Gelegenheiten entgehen lassen?
Zu viele Chancen verpasst?
Wer wäre ich heute, wenn ich mich getraut hätte?
Wo wäre ich heute, wenn ich gesprungen wäre,
anstatt auf die sichere Alternative zu setzen?

Ich bin aber nicht immer vorsichtig.
Immer wieder bin ich auch mutig –
oder ist es eher leichtsinnig?
Manchmal bin ich mir da nicht sicher.
Aber manchmal springe ich.
Ich denke nicht wie sonst ewig darüber nach,
sondern setze alles auf eine Karte,

gehe ein Risiko ein
und springe.

Jedes Mal hoffe ich, dass sich mein Fallschirm öffnet
oder unter mir ein Fangnetz ist.
Aber manchmal habe ich auch das Gefühl,
gleich auf dem harten Boden aufzuschlagen.
Was, wenn ich die falsche Entscheidung getroffen habe?
Was, wenn ich zu viel riskiert habe?
Was, wenn mich niemand auffängt?

Ich habe Angst.
Ich habe so oft Angst.
Ich zweifle immer wieder an mir.
Ich kann diese Stimme einfach nicht ausschalten.
Ich vertraue mir selbst nicht.
Ich vertraue meinen Entscheidungen nicht,
meinem Bauchgefühl,
meinem Kopf.
Wäre ich selbstbewusster,
ich glaube,
ich würde mich nicht so oft mit Zweifeln quälen
und hätte vielleicht auch öfter den Mut,
einfach zu springen,
und wenn ich gesprungen bin,
nicht immer und immer wieder
darüber nachzugrübeln,
ob es klug war, es zu tun,

oder ob ich gerade den größten Fehler
meines Lebens begangen habe.

Wie ist es mit dir?
Bist du mutig oder feige?
Risikofreudig oder besonnen?
Abenteuerlustig oder vorsichtig?
Bleibst du mit beiden Beinen auf dem Boden
oder springst du?

Lauren Daigle – You say

TREIBSAND

Es macht mir Angst, wenn du von Liebe sprichst.
Du scheinst dir so sicher zu sein.
Aber woher willst du wissen,
ob du dich nicht doch täuschst?
Woher willst du wissen,
ob es nicht eher Verknalltheit ist?

Du redest von Liebe,
von der Zukunft,
von einem gemeinsamen Leben,
Ehe,
Kinder,
Haus.
Und ich weiß einfach nicht,
wie ich reagieren soll.

Ich bin gern mit dir zusammen.
Ich genieße deine Nähe,
deine Berührungen.
Aber ist das Liebe?
Woher soll ich das wissen?

Ich bin noch nie verliebt gewesen,
und ich habe noch nie richtig geliebt.

So viel weiß ich.
Was ich aber nicht mit Sicherheit sagen kann, ist,
ob das mit uns so viel anders ist.
Woran merkt man, ob es wirklich Liebe ist?

Du malst dir unsere Zukunft
in den schillerndsten Farben aus,
und ich weiß nicht, wie ich reagieren soll.
Ein Teil von mir will das auch,
ein Leben mit dir.
Aber da ist auch dieser andere Teil von mir,
der vielleicht einfach zu lange allein gewesen ist
und dem Ganzen irgendwie nicht traut.

Woher soll ich wissen,
ob meine Gefühle für ein Wir reichen?
Für ein gemeinsames Leben,
eine Zukunft,
eine Ehe
oder gar Kinder.
Ich habe nie darüber nachgedacht,
ob ich Kinder will.
Ich hatte nie den Wunsch,
nie das Bedürfnis.
Und ohne Partner
kam es mir irgendwie so unrealistisch vor.

Und hier bist du und all deine Pläne.
Und ich weiß nicht,
ob es auch meine Pläne sind.
Mir geht das alles zu schnell.
Es wäre so viel besser,
wenn ich mir einfach sicher sein könnte.
Sicher
über meine eigenen Gefühle.
Sicher,
dass du deine Meinung nicht plötzlich wieder änderst.
Sicher,
dass wir uns nicht schon nach wenigen Jahren
wieder scheiden lassen.
Sicher,
dass ich mich nicht nach kurzer Zeit
eingesperrt fühlen werde.
Sicher,
dass ich dich wirklich liebe.
Sicher,
dass du und ich unsere Zukunft
nicht auf Treibsand bauen.

Aber diese Gewissheit kann mir niemand geben.
Niemand kann in die Zukunft schauen.
Niemand weiß, was uns bevorsteht.
Und niemand weiß,
wie sich unsere Gefühle entwickeln werden.
Was soll ich also tun?

Soll ich mich dir beim Träumen anschließen
oder weiter zögern?
Soll ich auch Luftschlösser bauen
oder dich freigeben,
damit du mit einer anderen dein Uns haben kannst?
Ich weiß es einfach nicht.
Und du kannst mir dabei leider auch gar nicht helfen.
Und das tut mir wirklich leid.

Tyrone Wells – Running around in my dreams

Irgendwann

Wir alle kennen das:
Wir nehmen uns vor, dieses oder jenes
irgendwann zu tun,
uns dieses oder jenes
irgendwann zu gönnen.
Aber irgendwie scheint dieses Irgendwann
niemals jetzt zu sein.

Wie haben zu viel zu tun,
zu viel Arbeit,
zu viele Projekte,
zu viele Ablenkungen,
in dieser schnelllebigen Zeit.
Wir verschieben diese Dinge auf irgendwann,
in der Hoffnung,
dass irgendwann der richtige Zeitpunkt
dafür gekommen ist.

Meist sind es Dinge, die uns das Gefühl geben,
irgendeinen Zustand von Sicherheit erlangt zu haben.
Irgendwann lerne ich diese Sprache.
Irgendwann, wenn ich genug Geld habe,
kaufe ich mir das.

Irgendwann, wenn ich mehr Zeit habe, lerne ich das.
Irgendwann fahren wir dorthin.
Irgendwann gehe ich mal auf dieses Konzert.
Irgendwann fliege ich dorthin in Urlaub.
Irgendwann sage ich ihr oder ihm, was ich fühle.
Irgendwann.
Irgendwann tue ich es.

Aber was ist,
wenn wir den richtigen Zeitpunkt verpassen
und irgendwann dieses Irgendwann nicht mehr kommt?
Was, wenn wir uns so sehr darauf konzentrieren,
die richtige Basis für unser Irgendwann zu schaffen,
dass wir gar nicht bemerken,
wenn es irgendwann zu spät ist.

Wäre es nicht vielleicht besser,
ab und an so ein Irgendwann
einfach in die Tat umzusetzen,
anstatt es andauernd vor uns herzuschieben?

Was sind deine Irgendwanns?
Was möchtest du unbedingt noch tun?
Wohin möchtest du reisen?
Was willst du erleben?

Denkst du nicht,
du solltest das ein oder andere einfach schon jetzt tun?

Schieb nicht all deine Irgendwanns ständig vor dir her,
vielleicht sind es sonst irgendwann einfach zu viele,
um sie noch durchzuziehen.
Und das wäre doch schade,
oder?

Silbermond – Irgendwas bleibt

FUßABTRETER

Manchmal fühle ich mich,
als wäre ich jedermanns Fußabtreter.
Wenn es um mich und meine Arbeit geht,
soll alles möglichst immer gestern erledigt werden.
Wenn ich aber auf etwas warte,
soll ich geduldig sein.
„Es geht halt nicht so schnell."
„Ja, wissen Sie, Corona ..."
„Mir ist da etwas dazwischengekommen ..."
„Gerade kann ich nicht, das musst du verstehen."

Ich muss immer alles verstehen.
Ich soll immer geduldig sein.
Ich habe kein Recht, mich zu beschweren.
Ich soll immer alles hinnehmen.
Warum ist das so?
Warum bin am Ende immer ich die,
die zu kurz kommt?

Bin ich zu nett?
Ist es das?
Kommt man im Leben nur voran,
wenn man eben nicht nett ist?
Wenn man egoistisch ist

und rücksichtslos,
wenn man die Interessen anderer ignoriert
und auf ihnen herumtrampelt?

Es heißt ja immer „Frechheit siegt".
Ich wollte das nie als wahr akzeptieren,
aber es scheint wirklich so zu sein.
Ich bin zu nett,
zu verständnisvoll,
nehme zu viel Rücksicht,
und das macht mich für andere zum Fußabtreter.

Mit mir kann man es ja machen,
ich habe doch immer Verständnis.
Ich mache keinen Aufstand,
ich schlucke es.
Und mache mir selbst dann Vorwürfe,
weil ich es mal wieder nicht geschafft habe,
mich für meine Interessen starkzumachen,
das größere A... zu sein
und auch mal für voll genommen zu werden.

Ich habe es wirklich satt,
immer euer Fußabtreter zu sein.
Ich will nicht mehr Verständnis zeigen.
Ich will nicht mehr immer nur
an eure Interessen denken
und davor zurückschrecken, mich durchzusetzen,

weil ich euch nicht auf die Füße treten will.
Ich habe genug.
Endgültig.

Ich bin ein netter Mensch.
Ich bin geduldig.
Ich nehme Rücksicht.
Ich fälle keine vorschnellen Urteile über andere,
und ich höre mir immer eure Ausreden an.
Aber irgendwann kommt der Zeitpunkt,
an dem auch ich genug habe,
an dem es mir reicht.
Und dieser Zeitpunkt ist jetzt gekommen.
Ihr habt mich genug getreten.
Ab jetzt bin ich nicht mehr nett.
Ab jetzt kämpfe ich für mich selbst.
Also passt auf,
euer Fußabtreter tritt ab jetzt zurück.

Lord Huron - The night we met

DRACHEN *und Prinzen*

Manchmal hätte ich große Lust,
einfach alles hinzuwerfen.
Die Segel zu streichen,
„ihr könnt mich alle!" auszurufen
und mir zu Hause die Decke über den Kopf zu ziehen.

Manchmal geht einfach alles schief.
Und manchmal alles am gleichen Tag.
Es staut sich sowieso immer so viel an.
Irgendetwas ist immer,
und wenn dann wieder alles zusammenkommt,
hätte ich wirklich Lust, alles hinzuwerfen.
Macht euren Mist doch allein!

Aber das Schlimme ist,
in der wirklichen Welt
geht das nicht.
Ich kann nicht einfach alles hinwerfen,
ich muss ja auch von etwas leben.
Auch wenn ich noch so frustriert bin.

Es wäre leichter,
wenn nicht immer alle nur an sich denken würden.
Wenn ich nicht so oft das Gefühl hätte,
ausgenutzt zu werden.
Ich glaube, das ist es, was mir am meisten zusetzt.
Irgendwie bin ich immer am Ende der Nahrungskette,
die, für die nichts übrig bleibt,
die aber trotzdem alles geben soll.
Die, auf der herumgetrampelt wird,
die, die alles immer allein regeln muss.

Heute ist mal wieder so ein Tag.
Alles was schiefgehen kann, geht schief.
Jeder, der mich enttäuschen kann, tut es.
Und ich sitze hier und frage mich,
wie ich das noch länger durchhalten soll.

Ich will nicht immer die Starke sein müssen.
Manchmal wäre es schön,
einfach mal die Jungfer in Nöten zu geben
und auf meinen Prinzen
auf dem weißen Ross zu warten,
damit er meine Drachen erschlägt
und meine Probleme löst.
Das Dumme ist nur:
Ich weiß, dass er nicht kommen wird.
Ich bin auf mich gestellt,
und manchmal ist das verdammt einsam.

Ich wünschte, es wäre anders,
aber das ist es nicht,
und ich muss irgendwie damit klarkommen.
So wie immer.

Trotzdem wäre es manchmal schön,
einfach einen Trotzanfall zu bekommen,
alles hinzuwerfen.
Nach mir die Sintflut!
Das machen andere doch auch
und kommen damit durch.
Warum ich nicht?

Heute ist einer von diesen Tagen,
die ich am liebsten vorspulen würde,
damit sie einfach möglichst schnell vorbei sind.
Warum geht das nicht?
Warum muss es solche Tage geben?

Und so bleibt mir nichts anderes übrig,
als mich in meine Worte zu flüchten.
Sie als Rüstung überzustreifen
und selbst meine Drachen zu erlegen.
Ich habe es schon so oft getan,
warum also nicht ein weiteres Mal?
Ich habe keine andere Wahl.
Hinschmeißen geht nicht.

Der Prinz hat seit Jahren Verspätung,
also bleibe nur ich, um mich dem Kampf zu stellen.
Wir werden sehen,
ob ich auch dieses Mal siegreich sein werde.

Jetta - Feels like coming home

GEFÜHLE

Ich hasse meine Feinfühligkeit.
Ich hasse sie manchmal so sehr,
dass mir die Worte fehlen.
Ich hasse es, dass ich spüren kann,
wenn etwas nicht okay ist.
Ich hasse es, dass ich die Wellen der Wut
oder Enttäuschung
oder Traurigkeit
spüren kann.

Ich hasse es, in einem Raum mit Menschen zu sein.
Jeder von ihnen strahlt irgendwelche Gefühle aus,
und ich bin mittendrin
und muss irgendwie damit klarkommen.
Von allen Seiten
stürmen diese fremden Gefühle auf mich zu,
und manchmal fühle ich mich emotional verprügelt,
nur weil ich ein paar Stunden
mit anderen Menschen verbracht habe.
Aber es sind nicht meine eigenen Gefühle,
die mich fertig machen,
es sind ihre.

Ich kann alles spüren.
Die unterdrückte Wut,
den Unmut,
den Hass,
die Enttäuschung,
die Traurigkeit.
Seltsamerweise sind es vor allem die negativen Gefühle,
die ich wahrnehme.
Sie sind irgendwie „lauter" als die positiven.

Mein inneres Gleichgewicht ist zerbrechlich.
Ich habe hart dafür gekämpft,
mit mir im Reinen zu sein,
zumindest meistens.
Aber wenn ich Zeit mit jemandem verbringe,
oder – noch schlimmer – mit mehreren jemanden,
der oder die ihre Gefühle unterdrücken,
dann fühle ich mich oft so machtlos,
all dem ausgeliefert.
Es ist, als wäre ich in einen Fluss aus Gefühlen gestürzt
und schaffe es einfach nicht, zu schwimmen.
Ich gehe unter, und niemand ist da,
um mich zu retten.

Es sind nicht meine Gefühle,
aber sie übertragen sich auf mich.
Und manchmal möchte ich einfach nur
in Tränen ausbrechen,

weil da so viele negative Gefühle um mich herum sind
und mir die Menschen so leidtun.
Aber das darf ich nicht.
Ich darf den Gefühlen nicht nachgeben,
sonst ertrinke ich.

Manchmal machen mich die Gefühle anderer
richtig krank.
Ich fühle mich so unwohl,
habe keinen Appetit
und würde mich am liebsten die ganze Zeit verstecken.
Aber so funktioniert unsere Welt nicht.
Manchmal glaube ich,
in ihr gibt es keinen Platz für mich.

Warum muss ausgerechnet ich diese Dinge spüren?
Habe ich nicht schon genug
mit meinen eigenen Gefühlen zu kämpfen?
Balanciere ich nicht schon so nah genug am Abgrund?

Warum unterdrücken so viele Menschen
ihre wahren Gefühle?
Klar, man kann nicht durch die Welt laufen
und den anderen ins Gesicht sagen,
dass man sie nicht leiden kann,
aber dieses „In-sich-Hineinfressen"
tut auf lange Zeit niemandem gut.

Warum geben so viele nicht zu,
wenn sie wütend sind?
Man sieht es ihnen an,
trotzdem leugnen sie es.
Warum?
Warum nicht dazu stehen?
Warum nicht offen ansprechen,
was einen wütend gemacht hat?
Warum antworten wir immer mit „gut",
wenn uns jemand fragt, wie es uns geht?

Da sind so viele unterdrückte Gefühle da draußen.
Und ich wünsche mir einfach nur,
sie nicht immer spüren zu müssen.
Denn ich habe immer Angst,
dass heute der Tag gekommen ist,
an dem mich diese fremden Gefühle
in den Abgrund schubsen,
aus dem es kein Entkommen mehr gibt.

Andra Day – Rise up

Männer

Ich glaube, manchmal ist es nicht leicht,
ein Mann zu sein.
Wenn man genau darüber nachdenkt,
werden an Männer
genauso viele Erwartungen gestellt
wie an Frauen,
bloß andere.

Sie werden genauso unter Druck gesetzt,
sollen in Schubladen passen,
das gängige Bild erfüllen,
ihre Rolle spielen.

Sei der Ernährer.
Verdiene viel Geld.
Sei ein Macher.
Sei ein Anführer!
Sei kein Mädchen!
Echte Männer weinen nicht.
Ein Indianer kennt keinen Schmerz.

Wer kennt diese Sprüche nicht?
Normalerweise würde jeder sagen:

Die sind doch längst nicht mehr zeitgemäß!
Aber wenn man mal ehrlich darüber nachdenkt,
stellt man fest,
sie begegnen einem überall.

Ein Mann weint im Fernsehen offen
und ohne sich dafür zu schämen –
so ein Mädchen!
Ein Mann zeigt offen seine Angst vor etwas –
so eine Lusche!
Ein Mann kümmert sich um sein Äußeres –
der ist verweichlicht!

Pausenlos urteilt die Gesellschaft über uns,
ob wir nun Frauen oder Männer sind.
Wir alle haben dem Stereotyp zu entsprechen,
müssen uns dem gängigen Rollenbild
gegenüber konform verhalten,
dürfen nicht aus der Reihe tanzen.

Männer haben „richtige" Männer zu sein.
Richtige Männer müssen männliche Jobs haben!
Sie sind Bauarbeiter,
Soldaten,
Feuerwehrmänner,
Polizisten,
Ärzte,
Chefs.

Ganze Männer eben,
die, die den Ton angeben.

Aber was ist mit den Männern,
die lieber Kindergärtner sind
oder Hausmann?
Die nicht jeden Tag körperlich arbeiten
oder Befehle geben?
Die ihre Kinder erziehen
und allein den Haushalt schmeißen?
Sie werden verspottet.
Sie sind keine richtigen Männer.
Sie sind Luschen
oder verweichlicht.
Schwächlinge.

Von Männern wird erwartet,
dass sie Sport mögen,
dass sie handwerklich begabt sind,
dass sie körperlich schwere Arbeit tun können
und wollen,
dass sie keine Ängste oder Phobien haben.
Entsprechen sie dem nicht, heißt es:
Aber du bist doch ein Mann!

Kennt ihr den Film „To Wong Foo"?
Der ist aus den 90ern.

Da spielten drei
durch und durch männliche Schauspieler
Drag Queens
und ernteten dafür nur wenig Applaus
und sehr viel Unverständnis.
Ich fand es mutig,
ich liebe den Film,
aber sie haben gegen das Männlichkeitsbild verstoßen,
und das geht gar nicht für viele.

Warum kann ein Mann
nicht auch eine Drag Queen sein?
Warum sollte ihn das als Mann „disqualifizieren"?
Und was ist mit transsexuellen Männern?
Oder Transgendern?
Wer sind wir,
dass wir ihnen die Männlichkeit absprechen wollen?
Dass wir sie in Schubladen pressen wollen?
Ich dachte, wir wären mittlerweile klüger,
aufgeschlossener,
moderner,
toleranter.
Aber beim Thema „Männlichkeit"
hört das scheinbar alles auf,
oder?

Warum bedeutet für viele
Homosexualität Unmännlichkeit?
Ein Mann kann doch ein Mann sein,
auch wenn er Männer liebt!
Warum ist auf vielen Schulhöfen
„schwul" noch immer ein Schimpfwort?
Weil es gegen das Männlichkeitsideal verstößt.
Männlichkeit wird daran gemessen,
wie viele Eroberungen ein Mann macht –
wie viele Eroberungen von Frauen wohlgemerkt.

Ein Mann darf keine Jungfrau sein.
Er muss „auf die Piste",
„sich die Hörner abstoßen",
ein Player sein,
ein Eroberer,
ein „ganzer" Mann eben!
Und Gott bewahre, er bringt es nicht im Bett!
Das geht gar nicht!
Ein echter Mann ist immer gut im Bett,
kann ewig
und immer.
Richtige Männer haben immer Lust auf Sex!
Und wenn nicht,
sind sie keine richtigen Männer.

Toxische Männlichkeit
nennt man dieses Bild von Männlichkeit,

das in unserer Gesellschaft noch immer vorherrscht.
Aber nicht nur in unserer,
auf der ganzen Welt ist es zu finden,
mal mehr, mal weniger stark ausgeprägt.
Und es ist wirklich toxisch,
nicht nur für die Männer selbst,
sondern für die gesamte Gesellschaft.

Warum müssen wir uns 2021
noch immer damit herumschlagen?
Warum kann nicht längst jeder sein, wie er will?
Warum haben wir
noch dieses veraltete Männlichkeitsbild
und -ideal in unseren Köpfen?

Ein ganzer Mann muss
kein Bad Boy sein.
Ein ganzer Mann muss
keinen typisch männlichen Beruf ausüben.
Ein ganzer Mann kann
genauso gut Hausmann sein
wie Bauarbeiter.
Ein ganzer Mann darf
auch Ängste haben
oder weinen.
Er darf sich nach Zärtlichkeit und Gefühlen,
nach Wärme und Fürsorge sehnen.

Es ist egal, ob er hetero,
bi
oder homosexuell ist,
ob er trans
oder sonst irgendetwas ist.
Er darf sein, wie er will.
Keiner von uns hat das Recht,
ihm vorzuschreiben,
was er zu sein hat.
Wie er auszusehen hat,
was er zu fühlen
oder zu denken hat.
Wir sind besser als das,
oder zumindest
sollten wir das sein.

The Perishers - Pills

RÜCKSICHT

Ist Rücksicht ausgestorben?
Manchmal kommt es mir so vor.
Immer nur ich, ich, ich.
Es wird gehortet,
vorgedrängelt,
geschubst
und gefühlt kein Finger mehr für andere gerührt.

Woher kommt das?
Sind wir alle zu Egoisten mutiert?
Oder liegt es an mir?
Bin ich zu anspruchsvoll?
Erwarte ich zu viel
von den Menschen um mich herum?

Warum begegnet mir überall Rücksichtslosigkeit?
Es fängt ja schon mit kleinen Dingen an,
ein Buch, das ausgeliehen wird
und ramponiert zurückkommt,
Nachbarn, die die Musik laut aufdrehen
oder bis morgens Partys feiern.
Ist es ihnen nicht bewusst,
dass sie damit andere stören?
Oder ist es ihnen einfach egal?

Geht das Ich für sie in dem Moment vor,
oder verschwenden sie einfach nur keinen Gedanken
an die Bedürfnisse anderer?

Es macht mich traurig, weißt du?
Dieses Verhalten, diese Stimmung, die es erzeugt.
Warum muss das sein?
Warum kann man nicht auch mal ein paar Sekunden
an die Bedürfnisse anderer denken?
Umgekehrt stört man sich doch auch an so etwas,
warum versucht man dann nicht,
es selbst zu verhindern?

Warum nimmt heute gefühlt keiner
mehr Rücksicht auf andere?
Es ist doch nun wirklich nicht schwer.
Oder sind wir einfach eine Gesellschaft
von Egoisten geworden?
Weißt du es?
Dann erklär es mir bitte,
denn ich verstehe es nicht.

Max Giesinger – Alles auf einmal

Ich

Du sagst, ich bin zu seltsam.
Du sagst, ich bin zu wild.
Du sagst, ich bin zu fröhlich.
Du sagst, ich lache zu oft.

Du sagst, ich bin zu quirlig.
Du sagst, ich bin zu neugierig.
Du sagst, ich bin zu wissensdurstig.
Du sagst, ich frage zu viel.

Du sagst, ich bin zu lebhaft.
Du sagst, ich bin zu verrückt.
Du sagst, ich bin zu anders.
Du sagst, ich gehöre nicht dazu.
Doch was du eigentlich sagst, ist,
ich bin nicht wie du.

Warum stört dich das so sehr?
Warum fühlst du dich bemüßigt,
mir all meine angeblichen Fehler aufzulisten?
Denkst du, das sorgt dafür,

dass ich plötzlich so bin,
wie du mich haben willst?

Es ist mir egal, was du über mich denkst.
Und wenn die Liste doppelt so lang wäre,
es kümmert mich nicht,
denn ich mag, wie ich bin.
Ich bin gern seltsam.
Ich bin gern wild.
Ich bin gern fröhlich.
Ich lache einfach so gern.
Ich bin gern quirlig.
Ich bin gern neugierig.
Ich bin gern wissensdurstig.
Ich frage eben gern viel.
Ich bin gern lebhaft.
Ich bin lieber verrückt als langweilig.
Ich bin anders – leb damit oder lass es bleiben.
Ich gehöre nicht dazu – es stört mich nicht.
Ich bin nicht wie du und dankbar dafür.

Ich bin nicht engstirnig.
Ich bin nicht gemein.
Ich bin nicht grausam.
Ich verletze andere nicht mit Absicht.
Ich bin nicht wie du,
und ich will auch gar nicht so sein.

Ich bin, wer ich bin –
und glücklich damit.
Bist du es auch?

Lauren Daigle - This Girl

HOFFNUNG

Manchmal frage ich mich,
ob es dumm ist,
an das Gute im Menschen zu glauben.
Schon so oft wurde mein Glaube enttäuscht.
Gibt es überhaupt noch gute Menschen da draußen?
An manchen Tagen bezweifle ich das.

Ich gebe mich gern hart, weißt du?
Ich tue nach außen so,
als kümmere es mich nicht,
wenn auf meinem Vertrauen herumgetrampelt wird.
Aber in mir drin
sieht es ganz anders aus.

In mir lebt noch immer dieser kleine Funken Hoffnung.
Hoffnung darauf, dass ich mich irre,
darauf, dass es doch noch Menschen gibt,
die nicht ständig auf anderen herumtrampeln.
Dieser kleine Funke,
der darauf wartet, genährt zu werden
und zu einem Feuer zu werden,
das all die Zweifel einfach verbrennt.

Aber viel zu oft fühlt es sich an,
als würde im Gegenteil
jeden Augenblick dieser kleine Funke
auch noch erstickt
von der grausamen Realität.
Bin ich dumm, trotzdem zu hoffen?

Freya Ridings – Ultraviolet

Wertlos

Ich brauch dich nicht,
um mir zu sagen, ich sei dumm.
Ich brauch dich nicht,
um mir zu sagen, ich sei naiv.
Ich brauch dich nicht,
um mir zu sagen, ich sei zu vertrauensselig.
Ich brauch dich nicht,
um mir zu sagen, ich sei wertlos.

Glaub mir,
diese giftigen Worte kreisen auch ohne dich
in meinem Kopf.
Ich weiß nicht,
warum du dich ständig bemüßigt fühlst,
sie immer und immer wieder zu wiederholen.

Ich weiß, ich bin dumm.
Ich habe mich auf dich eingelassen.
Ich weiß, ich bin naiv.
Ich habe daran geglaubt,
dass das, was du mir vorgespielt hast, wahr ist.
Ich weiß, ich bin zu vertrauensselig.
Ich habe dir vertraut.

Aber eines bin ich nicht:
wertlos.

Mag sein, dass ich für dich keinen Wert mehr habe,
aber das macht mich noch lange nicht wertlos.
Mag sein, dass ich am Boden liege,
schwach,
gebrochen,
am Ende,
aber wertlos bin ich nicht.

Mag sein, dass du meine Stärke nicht siehst
oder sie für dich irrelevant ist,
aber ich weiß, dass ich stark bin.
Ich habe dich überlebt,
und allein das ist doch eine Leistung,
denkst du nicht?

Du hast alles daran gesetzt,
mir das Gefühl zu geben,
ich sei dumm,
naiv,
zu vertrauensselig
und wertlos.
Aber ich bin noch da.
Beschädigt zwar,
aber gleichzeitig auch stärker als zuvor.

Ich bin vielleicht zerbrochen,
aber ich habe die Splitter wieder zusammengeklebt.
Ich habe sie mit einer Glasur überzogen,
die sie stärker macht,
widerstandsfähiger.
Und ich weiß jetzt,
wie du wirklich bist.
Ich werde nicht noch einmal auf dich hereinfallen.

Ich bin vielleicht dumm.
Ich bin vielleicht naiv.
Ich bin vielleicht zu vertrauensselig.
Aber wertlos bin ich nicht.
Wertlos bist bloß du,
weil du andere brechen musst,
um mit dir selbst leben zu können,
und das ist erbärmlich.

Freya Ridings - Ultraviolet
Bear McCreary - Mach Sa Mhadainn

STILLE

Es ist seltsam, jetzt in dieser Wohnung zu sitzen,
allein.
Es ist so still.
Diese Stille fühlt sich wie eine Anklage an
nach all dem Geschrei von vor wenigen Minuten.
Irgendwie klingt in meinen Ohren
noch das Schlagen der Tür nach,
dabei sind deine Schritte schon längst verklungen.

Ich wollte nicht schreien.
Ich hatte es mir so fest vorgenommen.
Ich wollte ruhig bleiben.
Aber dann führte mal wieder eins zum anderen,
ein Missverständnis,
ein falsch gewählter Ton,
Anklagen,
Worte,
Wut,
Enttäuschung.

Wir drehen uns im Kreis, weißt du?
Ich frage mich, wie lange es noch dauern wird,
bis wir uns endlich eingestehen, was los ist,
was wir tun müssen.

Wir passen einfach nicht zusammen,
nicht mehr.
Es ist, als würde jeder von uns nur darauf warten,
ein Stichwort zu bekommen,
um in die Luft zu gehen.
Das ist doch kein Leben,
meinst du nicht?

Stille kann manchmal mehr sein
als bloß Stille.
Sie kann dröhnen,
anklagen
und mit dem Finger auf dich zeigen.
Sie kann dafür sorgen,
dass du dich schuldig fühlst,
auch wenn du nichts getan hast.
Vielleicht auch, weil du nichts getan hast.

Ich frage mich, wann wir den Punkt verpasst haben,
unsere Beziehung zu retten.
Wann war dieser Punkt?
Vor einem Monat?
Vor zwei?
Oder letztes Jahr?
Waren wir zu beschäftigt,
um ihn zu beachten?
Zu verstrickt in die Arbeit,
zu fixiert auf uns selbst?

Oder haben wir einander
und uns
als selbstverständlich genommen?

Wir haben die Warnzeichen übersehen
oder ignoriert.
Wir haben unser Uns verloren.
Und jetzt ist nichts mehr übrig, nur noch wir.
Und wir allein sind nicht mehr kompatibel.
Wir streiten,
wir schreien,
feuern Vorwürfe aufeinander ab,
schlagen Türen
und lassen die Wut gewinnen.

Und jetzt sitze ich wieder einmal hier.
Allein.
Die Stille dröhnt in meinen Ohren
und macht mir klar,
wie leer unsere Wohnung ohne dich doch ist.
Ich weiß, ich muss mich entscheiden:
Entweder wir machen so weiter wie bisher,
leben aneinander vorbei,
treffen uns manchmal wie Schiffe in der Nacht
und andere Male wie zwei Komponenten
einer chemischen Formel,
dazu verdammt, bei Kontakt zu explodieren.

Sag mir, bist du es nicht auch manchmal leid?
Die ständigen Streitereien?
Das Geschrei,
die Wut,
die Enttäuschung
und dieses Gefühl,
wenn der andere hinausgestürmt ist?
Sag mir, wünschst du dir nicht auch mehr vom Leben?

Wirst du den ersten Schritt tun
oder muss ich es sein?
Wirst du es ansprechen
oder überlässt du es mal wieder mir,
unangenehme Dinge auf die Tagesordnung zu setzen?
Und wirst du es akzeptieren?
Wirst du einsehen,
dass es nicht mehr funktioniert mit uns,
oder wirst du dich dagegen wehren,
warum auch immer?

Ich sitze hier in der Stille,
lausche den Schlägen meines Herzens
und versuche, eine Entscheidung zu treffen,
die schon so lange überfällig ist.
Sag mir, wirst du mir helfen?
Oder wiederholen wir einfach nur den Ablauf,
der unser Leben bestimmt?

Ein Missverständnis,
ein falsch gewählter Ton,
Anklagen,
Worte,
Wut,
Enttäuschung.
Was wird es sein?

Alessia Cara – Scars to your beautiful
MoTrip – 80 Millionen

LICHT *und Schatten*

Du investierst so viel Energie in deine Abwehr,
willst um jeden Preis verhindern,
dass jemand sieht, wer du wirklich bist.
Aber dabei vergisst du,
dass ich es schon längst weiß.
Ich weiß schon lange, wer du bist,
egal, wie viel Mühe du dir auch gibst,
diesen Mann zu verstecken.

Ich weiß, dein Leben besteht
aus einer Aneinanderreihung von Enttäuschungen,
aus Wut,
Angst
und Schmerz.
Ich weiß, dass du gute Gründe dafür hast,
anderen zu misstrauen.
Die habe ich auch.
Und ich weiß so genau, was in dir vorgeht,
weil der Schmerz in mir den deinen erkennt.

Ich weiß, wie es sich anfühlt, am Boden zu sein.
Ich weiß, wie es sich anfühlt, allein zu sein.
Ich weiß, wie es sich anfühlt,

allen aus dem Weg zu gehen,
weil dich die Angst beherrscht,
erneut verletzt zu werden.

Auch ich habe mich einst vor der Welt versteckt,
und manchmal tue ich es noch heute.
Wenn die Dunkelheit mich übermannt
und alle positiven Gedanken
kilometerweit weg erscheinen.

Glaub mir, ich verstehe dich.
Und ich verstehe auch,
warum du mich so lange von dir gestoßen hast.
Du hattest Angst vor mir.
Angst, dass auch ich dich verletzen würde.

Ich bin dankbar.
Dankbar dafür, dass du dich mir öffnest,
dich mir anvertraust.
Auch wenn mir jedes deiner Worte das Herz bricht.
Es bricht für dich,
weil du so viel hast durchmachen müssen
und ich mir nichts sehnlicher wünsche
als eine Zeitmaschine.

Ich würde es so gerne ungeschehen machen,
all den Schmerz auslöschen,
bevor er dir zugefügt wird.

Selbst wenn das bedeuten würde,
dass wir uns nie begegnen.
Das wäre es mir wert,
den Schmerz aus deinen Augen verschwinden zu sehen.

Ich weine um dich.
Ich höre deine Worte
und weine tausend Tränen um dich
und um den, der du hättest sein können,
wenn man dich gelassen hätte.
Wenn man diesen fröhlichen kleinen Jungen
seine Träume hätte leben lassen.
Anstatt zu versuchen, sie ihm auszutreiben.

Du kannst noch immer ‚er‘ sein, weißt du?
Du musst nur aufhören,
dich an die Dunkelheit zu klammern.
Lass das Licht in dein Leben.
Vertrau mir bitte, lass es in dein Leben.
Und du wirst erkennen,
dass es die Dunkelheit gewesen ist,
die dich all die Jahre zurückgehalten hat.

Sie hat ihre Ketten so fest um dich geschlungen,
wie hättest du da den Ausweg sehen sollen?
Wie hättest du da deine Träume erkennen
und in Tatsachen verwandeln können?
Lass mich dir die Ketten abnehmen.

Lass mich Licht in dein Leben bringen.
Lass uns gemeinsam gegen die Dunkelheit kämpfen.
Lass uns zusammen Licht sein.

Schatten gehören zum Leben dazu,
das wissen wir beide,
du wirst sie niemals ganz loswerden,
genauso wenig wie ich.
Sie sind ein Teil von uns.
Unsere Wunden sind zu tief,
um einfach zu verschwinden.

Aber hast du schon einmal daran gedacht,
dass du Schatten nur deswegen sehen kannst,
weil es eine Lichtquelle gibt?
Ohne sie wären die Schatten unsichtbar.
Vielleicht war all die Zeit schon
Licht in deinem Leben,
dein Licht.

Das letzte bisschen Hoffnung,
das letzte bisschen Zuversicht,
das du noch hast aufbringen können.
Vielleicht war es immer da,
aber du warst zu sehr auf die Schatten fixiert,
um sie wahrzunehmen.

Lass uns zusammen das Licht wahrnehmen.
Lass uns zusammen die Schatten vertreiben.
Lass uns einander eine Stütze sein.
Lass uns Licht sein.

The Wailin Jennys – Begin
Infinity – One hundred years

DAS *Notizbuch*

Du hast dein Notizbuch vergessen,
und ich habe es aufgeschlagen.
Ich weiß, so etwas tut man nicht,
aber ich konnte es nicht verhindern,
meine Finger haben sich selbstständig gemacht,
und ehe ich es so recht begriff,
las ich deine Worte.

Sie haben mir das Herz gebrochen.
Jedes einzelne von ihnen.
Ich habe es nicht gewusst,
nicht einmal geahnt.
Wie lange tust du das schon?
Wie viele Notizbücher gibt es?
Wie viele Jahre
schreibst du schon deine Beobachtungen
und Gedanken auf?
Und seit wann
spiele ich in ihnen eine Hauptrolle?

Du hast alles festgehalten,
wann und wo du mich gesehen hast,
was ich trug,

wie ich aussah,
was du dir für Gedanken um meine Gefühle
und meine jeweilige Stimmung gemacht hast.
Du hast alles aufgeschrieben,
jedes Wort, das ich sagte und du hören konntest,
und jede Regung, die das in dir ausgelöst hat.
Warum hast du nie etwas gesagt?

Ich weiß, ich sollte dich dafür verurteilen.
Ich sollte Angst vor dir haben.
Ich sollte dich als Stalker beschimpfen
und alles dafür tun, dir aus dem Weg zu gehen.
Aber du machst mir keine Angst.
Ich weiß, was Angst ist.
Ich weiß, wie sich eine Bedrohung anfühlt,
und ich weiß, dass du keine bist.

Du folgst mir nicht, weil du mir etwas tun willst.
Du beobachtest mich nicht, weil du mich besitzen willst.
Du tust es, weil du nicht anders kannst.
Ich lese es in deinem Notizbuch.
Du sehnst dich nach meiner Nähe
und hast gleichzeitig Angst davor.
Du möchtest meine Stimme hören,
meinen Duft riechen,
aber du bist davon überzeugt,
dass ich deine Nähe niemals dulden würde.

Warum ist das so?
Warum hältst du so wenig von dir?
Warum ist es für dich ausgeschlossen,
dass ich dich auch mögen könnte?
Weil du mir folgst?
Oder weil du einfach nicht in der Lage bist,
deine guten Seiten und Eigenschaften zu sehen?

Manchmal treten Menschen in dein Leben,
und du weißt,
dass sie es für immer verändern werden.
Für dich bin ich so ein Mensch,
das ist mir jetzt klar geworden.
Und für mich bist du es auch.

Ich habe es nicht gewusst,
nicht einmal geahnt.
Aber du warst immer da, oder?
Immer, wenn ich mich einsam gefühlt habe,
immer, wenn ich verloren war.
Ich war einsam und war es doch nicht,
weil du da warst.
Die ganze Zeit.

Hast du dein Notizbuch wirklich vergessen?
Oder war das deine Art,
endlich den Kontakt mit mir herzustellen?
Hast du es zurückgelassen, damit ich es finde?

Damit ich weiß, was du tust?
Damit ich über dich urteilen,
dich verurteilen kann?
Erwartest du das von mir?
Ablehnung?

Was, wenn ich keine Ablehnung für dich empfinde?
Wenn es etwas anderes ist?
Hast du darauf gehofft?
Es dir gewünscht?
Oder willst du, dass ich dir sage,
dass ich dich nicht in meinem Leben will?

Hast du das Notizbuch vergessen
oder es mir zum Geschenk gemacht?
Wolltest du, dass ich weiß,
dass ich nicht so allein bin,
wie ich dachte, dass ich es bin?
Wolltest du mir die Gewissheit geben,
dass ich einem anderen Menschen wichtig bin?
Auch wenn es dieser Mensch nicht über sich bringt,
es mir ins Gesicht zu sagen?

Was erwartest du von mir?
Soll ich das Notizbuch einfach liegen lassen?
Es ignorieren?
So tun, als hätte ich es nicht gesehen?

Oder soll ich es als Aufforderung sehen,
mein Leben
und dein Leben
für immer zu verändern?

Ist das der Grund,
warum du deine Adresse
auf der ersten Seite notiert hast?
Damit ich es dir zurückschicke?
Oder bist du auch jetzt in meiner Nähe
und wartest nur darauf,
dass ich es zurück auf den Tisch lege,
damit du es dir zurückholen kannst?

Ich weiß, ich sollte Angst vor dir haben.
Ich weiß, ich sollte dich nicht ermutigen.
Aber ich weiß, dass du mir nichts Böses willst.
Ich weiß nicht, ob du je den Mut finden wirst,
mit mir persönlich zu sprechen
oder mir Nachrichten zu hinterlassen.
Aber weißt du, was?
Ich freue mich, dass es dich gibt.

Natürlich ist es nicht normal, was du tust,
und ziemlich sicher auch nicht gesund.
Aber es tut mir gut, zu wissen,
dass da jemand ist,
dem ich etwas bedeute.

Dass es jemanden gibt,
der die Einsamkeit verscheucht,
und wenn es nur durch Blicke aus der Ferne ist.

Ich weiß, so sollte ich nicht fühlen,
und es ist erbärmlich,
sich so sehr nach menschlicher Nähe
und Zuneigung zu sehnen,
dass man sogar dankbar für einen Stalker ist.
Aber ich bin es.
Dankbar
und erbärmlich.

Aber dann bin ich es eben.
Ich ziehe den Stift aus meiner Handtasche
und schreibe einen neuen Eintrag:
Donnerstag, Café gegenüber der Kreuzung.
Danke.
Ich füge meine Handynummer hinzu,
schließe das Notizbuch und sehe mich um.
Und da bist du.
Du hast gewartet.
Hast mich beobachtet.
Ich lächle dich an,
lasse das Notizbuch liegen
und gehe nach Hause.

Ich weiß, dass du es einsteckst
und mir folgst.
Jetzt, wo ich weiß, dass du da bist,
bilde ich mir sogar ein,
deine Schritte zu hören.
Aber sie machen mir keine Angst.
Sie geben mir das Gefühl, nicht allein zu sein.
Endlich nicht mehr allein zu sein.

Lifehouse – Storm

MONDLOSE *Nacht*

Du sagst, ich bin dein Licht,
doch du bist meine Dunkelheit.
Du sagst, ich bin deine Sonne,
doch du bist meine mondlose Nacht.
Du sagst, ich mache dich vollständig,
doch du machst mich leer.

Ich weiß, ich habe es dir zu leicht gemacht.
Das einsame, dicke Mädchen,
das sich so verzweifelt nach Liebe sehnt.
Ich habe deine Aufmerksamkeit aufgesaugt
wie ein Schwamm.
Ich habe deine Zuneigung um mein Herz gewickelt
wie eine warme Decke.
Ich dachte, du würdest meinen Schmerz vertreiben
und meine zerbrochene Seele heilen.
Aber das war nie deine Absicht, oder?

Du wolltest mich so.
Dir hat es gefallen,
dass ich zerbrochen war.
Du wolltest mich nie heilen,
sondern nach deinem Willen formen.

Ich sollte die werden,
die ich in deiner Vorstellung war.

Ich hätte es besser wissen müssen.
Ich hätte die Zeichen sehen müssen.
Aber du weißt, was du tust,
und ich war ein leichtes Opfer.
Und jetzt klammere ich mich verzweifelt
an die letzten Teile meiner Persönlichkeit,
während du alles daran setzt, sie mir zu entreißen.

Ich frage mich, wer wohl gewinnen wird.
Werde ich stark genug sein,
mich dir zu widersetzen?
Oder wirst du dich durchsetzen
und wird auch der letzte Teil von mir verschwinden?
Ersetzt durch deine Vorstellung von mir,
die so gar nichts mehr mit mir zu tun hat.

Du sagst, ich bin dein Licht,
doch du bist meine Dunkelheit.
Du sagst, ich bin deine Sonne,
doch du bist meine mondlose Nacht.
Du sagst, ich mache dich vollständig,
doch du machst mich leer.

James Blunt – Same mistake

FAMILIEN

Familien sind schon etwas Faszinierendes,
findest du nicht?
In einem der berühmtesten Bücher der Welt
philosophiert Tolstoi,
dass sich alle glücklichen Familien gleichen,
aber die unglücklichen einzigartig sind.
Ich glaube, er hat damit recht.

Glückliche Familien verströmen so eine Liebe,
sie tragen ihr Glück nach außen
wie ein Licht in der Dunkelheit.
Sie erhellen alles um sich herum.

Ist man in ihrer Nähe,
kann man es gar nicht vermeiden,
diese Geborgenheit zu spüren.
Man wünscht sich, ein Teil davon zu sein.
Aber wenn man das nicht kennt,
fragt man sich automatisch,
ob man damit überhaupt umgehen könnte.

Unglückliche Familien
gleichen sich in gewissen Bereichen auch.
Man spürt es.

Ob das Lächeln nach außen aufgesetzt ist.
Man sieht es in den Augen,
ob sie leuchten
oder ob in ihnen Schmerz geschrieben steht.
Aber sie unterscheiden sich auch.
Jeder Schmerz ist anders.
Ist die Familie einfach nur unglücklich miteinander,
oder sind unter der Oberfläche Verletzungen verborgen?

Es muss nicht immer körperliche Gewalt sein.
Manchmal tun Worte mehr weh als Schläge.
Schläge sind für jeden sichtbar,
sie verletzen die Haut,
aber Worte zerfetzen die Seele.

Was ist es,
das eine Familie ausmacht?
Biologie?
Genetik?

Manche von uns stehen ihren Familien unglaublich nah.
Sie verstehen sich ohne Worte
und liegen auf einer Wellenlänge.
Andere könnten sich ihrer Familie nicht fremder fühlen.

Es gibt Menschen,
die sich ihre Familie selbst aussuchen.
Aber wie kann es sein,

dass sich Menschen,
die irgendwann einmal Fremde waren,
einander näher fühlen
als ihrer eigentlichen Familie?

Sind die Bande dieser neuen Familie stärker
als die derer, in die man geboren wird?
Sind sie widerstandsfähiger?
Weniger zerbrechlich?
Oder sind sie im Gegenteil anfälliger,
weil man ja nicht zusammen sein muss,
sondern einander freiwillig gewählt hat
und jederzeit entscheiden kann, zu gehen.

Oder ist es gerade
diese freiwillige Entscheidung füreinander,
die sie stärker macht?
Was denkst du?

Und muss eine Familie
immer aus vielen Menschen bestehen,
oder bilden auch schon zwei eine Familie?
Warum haben wir immer
so große Erwartungen an Familien?
Wir alle streben die perfekte Familie an,
aber gibt es so etwas überhaupt?
Gibt es perfekte Familien,
die immer glücklich sind?

Oder schaffen es diese glücklichen Familien einfach nur, ihre Konflikte besser zu lösen als andere?

Was ist ihr Geheimnis?

Kennst du es?

Lady Gaga & Bradley Cooper – Shallow

Schmerz

Manchmal habe ich Angst,
meine Worte zu Papier zu bringen.
In ihnen steckt so oft so viel Schmerz,
so viel Angst,
so viel Verzweiflung.
Was, wenn jemand diese Worte liest
und es ihm danach schlechter geht als vorher?
Was, wenn ich alles schlimmer mache,
indem ich meine Worte hinaus in die Welt trage?

Worte haben Macht,
das ist mir schon lange bewusst.
Aber was, wenn meine Worte,
anstatt Wunden zu heilen,
neue reißen
oder kaum verheilte wieder zum Bluten bringen?

Ich will nicht, dass es jemandem durch mich,
durch meine Worte,
durch das, was mich überleben lässt,
schlechter geht.
Ich will mit meinen Worten
niemanden über die Klippen stoßen.

Ich will nicht der Grund dafür sein,
dass jemand in Dunkelheit versinkt.

Da ist so viel Schmerz in mir.
Ich habe Angst,
dass er ansteckend ist
und alle um mich herum infiziert.

Ich hoffe so inständig,
dass meine Worte Trost spenden,
anstatt zu verletzen.
Dass sie helfen, Wunden zu verwinden,
anstatt neue zuzufügen.
Dass sie anderen das Gefühl geben,
nicht allein zu sein.
Schmerz verbindet,
und ich hoffe, meine Worte tun es auch.

Avril Lavigne - Head above water

VERGEBEN

Sind alle außer mir gut darin,
anderen zu vergeben?
Ich weiß, ich bin es nicht.
Zumindest meistens nicht.
Vielleicht bin ich einfach schon zu oft verletzt worden,
sodass sich jede Kränkung in mein Herz einritzt,
auf dass ich sie nie wieder vergesse.

Warum nerven mich die Leute immer mit „Vergebung"?
Warum halten sie mich ständig dazu an,
anderen zu vergeben?
Warum soll immer ich die sein,
die vergeben muss?
Warum erwarten alle von mir,
dass ich was auch immer abhake
und vergebe
und vergesse,
bloß weil der andere behauptet,
es täte ihm leid?
Oder wenn er nicht mal dazu in der Lage ist,
habe ich ihn halt falsch verstanden,
es sei ein Missverständnis,
oder ich habe einfach keinen Humor.

Nun, vielleicht habe ich in deinen Augen keinen Humor,
aber wenigstens finde ich es nicht lustig,
andere zu demütigen,
zu beleidigen
oder zu verletzen.

Dir ist nie in den Sinn gekommen,
dass das, was du lustig findest,
alles andere als witzig ist.
Der Gedanke erscheint dir völlig abwegig, ich weiß.
Und genau das ist das Problem.

Du hältst dich für den Nabel der Welt.
Alles muss so laufen, wie du es willst.
Du bist witzig,
wir anderen haben nur keinen Sinn für Humor.
Du hast den Durchblick,
wir anderen sind kurzsichtig.
Du hast recht,
wir anderen sind bloß zu stolz, das zuzugeben.
Du bist der Tollste,
wir anderen sind bloß neidisch.
Du meinst nie etwas so, wie es bei uns ankommt,
wir anderen sind bloß empfindlich.
Wir müssen dir vergeben,
sonst sind wir übertrieben nachtragend.
Du musst dich nicht ändern,
wir anderen müssen uns bloß mehr Mühe geben.

Der Klügere gibt nach.
Sei nicht so nachtragend.
Irren ist menschlich, vergeben ist göttlich.
Zu vergeben ist das Richtige.
Warum?
Warum soll ich immer alles vergeben?
Warum soll ich kein Recht auf meine Wut haben?
Warum darf ich nicht verletzt sein?
Warum darf ich nicht an meinem Groll festhalten?

Ich bin nicht gut darin,
anderen zu vergeben,
das weiß ich.
Ich glaube ihnen ihre Entschuldigungen nicht mehr.
Ich kaufe ihnen ihre angebliche Reue nicht mehr ab.
Bin ich kleinlich?
Nachtragend?
Vielleicht.
Aber ich sehe es auch nicht mehr ein,
ständig zurückzustecken.
Ich habe auch Gefühle,
und wenn man die verletzt,
habe ich ein Recht darauf, wütend zu sein.

Ich muss dir nicht vergeben,
weil du es doch nicht so gemeint hast,
als du mich eklig genannt hast.
Ich muss dir nicht vergeben,

weil ich dich falsch verstanden habe,
als du mich dumm genannt hast.
Ich muss dir nicht vergeben,
weil ich nicht erkannt habe,
dass es witzig ist,
mich Walfisch zu nennen.
Ich muss dir nicht vergeben,
egal, was andere sagen.
Ich muss dir nicht vergeben,
und ich tue es auch nicht.
Nicht jetzt und vielleicht niemals.
Wir werden sehen.
Aber wisse jetzt:
Dir ist nicht vergeben.
Ich vergebe dir nicht.

Freya Ridings - Poison

Normal

Ich weiß, du wünschst dir mehr von mir.
Ich weiß, ich bin anstrengend.
Ich weiß, meine vielen Ängste machen dir
das Leben schwer.
Ich weiß, du fragst dich immer wieder,
warum ich nicht einfach normal sein kann.
Es tut mir leid.
Ich versuche es,
jeden Tag versuche ich es,
aber ich scheitere immer wieder.

Ich weiß, normal ist subjektiv,
aber ich weiß auch,
dass es nicht normal ist,
vor Treppen Angst zu haben.
Es ist nicht normal,
Menschenansammlungen zu meiden.
Es ist nicht normal,
lieber zu Hause zu bleiben,
als auch mal auszugehen.

Ich bin nicht normal.
Ich bin nicht mal in der Nähe von normal.

Und ich weiß, dass es vor allem dich trifft.
Du bist normal.
Du gehst gern aus,
du triffst dich mit deinen vielen Freunden,
du trinkst ab und an mal ein wenig,
du betrittst eine volle U-Bahn,
du erstarrst nicht vor Angst,
wenn dir ein anderer Mensch zu nah kommt.
Für dich gibt es einfach kein „zu nah".

Es tut mir leid.
Ich wäre so gern für dich, was du dir wünschst.
Aber ich bin es nicht.
Ich war es nie.
Und wahrscheinlich werde ich es nie sein.

Ich kann deine Frustration verstehen.
Du würdest gern mal mit mir ausgehen.
Du würdest mich gern mitnehmen,
wenn du dich mit deinen Freunden triffst.
Du möchtest mit mir ins Kino,
zum Tanzen,
zu Partys.
Einfach das tun, was „normal" ist.
Ich verstehe es,
dass du manchmal wütend wirst,
und ich verstehe,
warum du mir immer wieder Vorwürfe machst.

Warum kannst du nicht einfach normal sein?
Versuch es doch wenigstens!
Warum muss mit dir immer alles so schwer sein?
Dann tu halt so, als würde es dir nichts ausmachen!
Tu es mir zuliebe!
Warum musst du immer so schwierig sein?
Gibt dir halt mal Mühe, normal zu sein!

Du siehst nicht, dass ich es jeden Tag versuche,
aber die Ängste stärker sind.
Du wirfst mir vor,
dass mir mein Gefängnis zu Hause gefällt,
dass ich gar nicht versuche, etwas zu ändern,
doch da irrst du dich.
Ich versuche es.
Es funktioniert nur nicht.
Und dafür hast du begonnen, mich zu hassen.

Du gibst es nicht zu, aber ich kann es sehen.
Wo früher maximal ein genervtes Seufzen war,
war irgendwann ein Augenrollen,
und jetzt sind es Vorwürfe und Wut.
Du sagst es mir nicht ins Gesicht,
aber du vergisst,
wie dünn die Wände hier sind,
ich kann es hören,
wenn du deinen Freunden sagst,
der Freak kommt nicht mit.

Ich kann sie hören,
die Verachtung in deiner Stimme.

Weißt du, was mir klar geworden ist?
Es ist egal.
Es ist egal, ob ich normal bin oder nicht,
das mit uns ist unrettbar kaputt.
Also kannst du dich freuen,
wenn du nach Hause kommst.
Ich werde das Haus verlassen haben.
Und ich werde nicht wieder zurückkommen.

Du hast dein Ziel erreicht,
ich werde rausgehen.
Aber nur, um dich zu verlassen.
Freu dich, der Freak ist weg.
Jetzt musst du nur noch damit klarkommen,
dass du das, was wir einst hatten,
unwiederbringlich zerstört hast.
Ich habe deine Nummer blockiert,
den Schlüssel in den Briefkasten geworfen
und mit diesem Kapitel meines Lebens abgeschlossen.

Ich weiß, dass ich weiter an mir arbeiten muss,
aber obwohl ich so viele Ängste habe,
bin ich nicht ängstlich genug,
um nur deswegen bei dir zu bleiben,
weil ich nicht allein sein will.

Deswegen bist du doch bei mir geblieben, oder?
Damit jemand da ist, der auf dich wartet,
der sauber macht,
kocht
und den du wegen irgendetwas anschnauzen kannst,
um dich besser zu fühlen.
Jetzt musst du dir dafür jemand anderen suchen.
Meine Ängste und ich
stehen dir nicht länger zur Verfügung.
Wir beginnen einen neuen Lebensabschnitt.
Viel Spaß mit deinem Normal,
ich hoffe, es macht dich glücklich.

Nelly Furtado - Try
Lord Huron - The night we met

IDEAL*vorstellung*

Wir alle haben eine bestimmte Vorstellung
davon im Kopf,
wie wir gerne sein wollen.
Wir wollen mutig sein,
selbstlos,
tapfer,
großzügig,
erfolgreich,
talentiert.
Und immer wieder
vergleichen wir uns mit dieser Idealvorstellung
und kritisieren uns dafür,
dass wir es einfach nicht schaffen,
ihr zu entsprechen.

Ich glaube, diese Eigenschaften stecken
in jedem von uns,
nur treten nicht alle ständig in Erscheinung,
und manche werden uns bei uns selbst
gar nicht bewusst.

Mut bedeutet nicht zwangsläufig,
sein Leben für andere zu riskieren.
Es ist genauso mutig,
einen Sprung in eine ungewisse Zukunft zu wagen
oder bei einer sehr persönlichen Mail
auf Senden zu klicken.
Oder jemandem die Wahrheit zu sagen,
auch wenn es schwer ist oder sogar weh tut.

Selbstlos ist man nicht mit Vorsatz.
Man steht nicht morgens auf und nimmt sich vor:
Heute bin ich selbstlos!
Nein, Selbstlosigkeit versteckt sich oft
vor unseren Augen.
Selbstlos bedeutet,
dass man etwas für jemand anderen tut,
ohne an sich selbst zu denken.
Es ist selbstlos,
einem anderen den Platz im Bus zu überlassen,
besonders dann, wenn man selbst müde ist.
Es ist selbstlos, zu einer Freundin zu fahren,
die einen braucht,
auch wenn es mitten in der Nacht ist.
Du selbst erkennst es selten,
wenn du selbstlos handelst,
andere dafür umso deutlicher.

Tapferkeit findest du überall um dich herum,
jeden Moment eines jeden Tages.
In einer Mutter,
die ihre Tränen zurückhält,
damit sie ihr Kind nicht belasten.
In einem Kind,
das ein Lächeln aufsetzt,
obwohl es sich das Knie aufgeschlagen hat.
In jedem Menschen, der weitermacht,
egal, wie viele Gründe es auch gibt,
einfach alles hinzuwerfen.

Großzügigkeit findest du ebenfalls überall
und dann auch wieder nicht.
Zu oft wird sie verdrängt
von Neid,
Missgunst
und Egoismus.
Großzügig bedeutet nicht,
einen Großteil deines Einkommens zu verschenken.
Aber du könntest einem Obdachlosen einen Kaffee
und ein belegtes Brötchen spendieren.
Oder noch kleiner, jemandem Kleingeld schenken,
dem es gerade fehlt.
Jeder kann großzügig sein,
aber nicht jeder will es wirklich durchziehen.

Erfolg kommt selten angeflogen,
man muss ihn sich erarbeiten.
Aber viel zu viele von uns
stecken ihre Ziele,
ihren Maßstab viel zu hoch.
Jeder von uns kann immer wieder Erfolge verbuchen,
und mögen sie noch so klein sein.
Wir müssen sie nur auch als solche wahrnehmen.
Wir müssen die kleinen Erfolge feiern,
als wären sie ganz groß.
Glaub mir, es wird dir gut tun.

Jeder von uns hat Talente,
das Schwierige ist, sie zu erkennen.
Ein paar Glückliche von uns haben Talente,
die jeder sehen kann.
Sie sind Künstler,
Musiker
oder Schriftsteller.
Andere Talente liegen eher im Verborgenen.
Aber ich bin fest davon überzeugt,
dass jeder von uns Talente hat,
manche tun sich nur schwerer damit,
sie zu entdecken.

Wir alle haben eine bestimmte Vorstellung
davon im Kopf,
wie wir gerne sein wollen.
Wir setzen uns damit unter Druck,
all das gleichzeitig zu erfüllen.
Wir wollen gleichzeitig mutig,
selbstlos,
tapfer,
großzügig,
erfolgreich
und talentiert sein.

Aber niemand kann immer
all diese Eigenschaften erfüllen.
Wenn du aber immer wieder mal mutig bist
oder selbstlos
oder tapfer
oder großzügig,
wenn du deine Erfolge feierst, egal, wie klein sie sind,
und deine Talente endlich auch als solche wahrnimmst,
wirst du erkennen,
dass du eigentlich gar nicht so weit entfernt
von deiner Vorstellung bist,
wie du vielleicht gedacht hast.

Setz dich nicht länger
mit dieser Idealvorstellung unter Druck!
Denn sie ist im Grunde eben genau das:

eine Idealvorstellung
und damit nicht real.
Natürlich sollten wir alle danach streben,
nicht als komplette Egoisten durchs Leben zu gehen,
oder uns nicht selbst
alle positiven Eigenschaften absprechen,
aber der Druck hilft nicht dabei,
dieser Idealvorstellung näherzukommen,
im Gegenteil.

Du bist besser, als du selbst glaubst.
Du bist mutig.
Du bist selbstlos.
Du bist tapfer.
Du bist großzügig.
Du bist erfolgreich.
Du bist talentiert.
Du musst nur auch selbst daran glauben.
Kannst du das?
Kannst du es wenigstens versuchen?
Glaub mir, es wird dir guttun.

ABBA - One of us

Du

Du nennst mich eine Schlampe,
wenn ich kurze Röcke trage.
Du nennst mich scharf,
wenn ich mit dir tanze.
Du nennst mich geil,
wenn du mich angrapscht.
Du nennst mich eine Hure,
wenn ich Nein sage.
Du nennst mich eine Zicke,
wenn ich deine Hände wegschiebe.
Du nennst mich eine Lügnerin,
wenn ich anderen davon erzähle.

Du nennst mich langweilig,
wenn ich wenig Haut zeige.
Du nennst mich ein Flittchen,
wenn ich es doch tue.
Du nennst mich spießig,
wenn ich deine Sprüche widerlich finde.
Du bezeichnest mich als fickbar,
wenn ich Dekolleté zeige.
Du nennst mich Nutte,
wenn ich dich abweise.

Du nennst mich verrückt,
wenn ich andere um Hilfe bitte.

Du nennst mich leicht zu haben,
wenn ich dir nachgebe.
Du nennst mich bedürftig,
wenn ich mehr erwarte als bloß Sex.
Du nennst mich peinlich,
wenn ich dich konfrontiere.
Du nennst mich anhänglich,
wenn ich bloß Hallo zu dir sage.
Du nennst mich hysterisch,
wenn ich Antworten verlange.
Du nennst mich Baby,
wenn du doch wieder vor meiner Tür stehst.

Ich habe echt genug von all dem Mist.
Wenn ich mich sexy anziehe,
bin ich eine Nutte,
eine Schlampe,
eine Hure,
leicht zu haben,
billig.

Wenn ich mich nicht freizügig gebe,
bin ich eine Zicke,
spießig,
langweilig,

vertrocknet.
Wenn ich selbstbewusst bin,
macht mich das sofort arrogant,
überheblich,
unattraktiv,
unweiblich.

Entweder bin ich Freiwild oder eine Ausgestoßene.
Kannst du dich vielleicht mal entscheiden?
Warum bildest du dir ein, über mich zu urteilen?
Warum glaubst du,
jedes Recht zu haben, mich anzufassen?
Ein kurzer Rock ist kein Freifahrtschein,
ein Dekolleté bedeutet nicht,
dass du dir alles erlauben darfst.
Wenn ich mit dir tanze, tanze ich,
das ist keine Aufforderung,
mir unter den Rock zu fassen.
Und wenn du mit einem Korb nicht leben kannst,
versuch es beim nächsten Mal
doch einfach mit einem netten Lächeln
statt gierigen Händen.

Ich ziehe mich an, wie ich will.
Du bestimmst nicht über meine Garderobe.
Du berührst mich
nur mit meiner Erlaubnis oder gar nicht.

Du kannst mich nennen, wie du willst,
das macht mich noch längst nicht dazu.
Nur weil du mich Schlampe nennst,
bedeutet das nicht,
dass ich mich für etwas schämen muss.
Du kannst noch so oft behaupten,
ich hätte dich scharfgemacht,
nur weil dein Körper auf meinen reagiert,
bedeutet das nicht,
dass ich mich dir hingeben muss.

Nenn mich Schlampe, wenn du willst.
Ich trage weiter kurze Röcke.
Nenn mich scharf.
Ich tanze weiter.
Nenn mich geil.
Trotzdem haben deine Hände bei dir zu bleiben.
Nenn mich Hure.
Ich sage weiterhin Nein.
Nenn mich Zicke.
Ich schiebe deine Hände weiterhin weg.
Nenn mich Lügnerin.
Ich halte nicht mehr den Mund.

Nenn mich langweilig.
Ich trage, was mir gefällt.
Nenn mich Flittchen.
Ich ziehe nicht mehr an, was dir gefällt.

Nenn mich spießig.
Deine Sprüche sind trotzdem widerlich.
Nenn mich fickbar,
wenn du drauf bestehst.
Ich zeige Dekolleté, wenn ich will.
Nenn mich Nutte.
Ich sage dennoch Nein.
Nenn mich verrückt.
Wenn du mir Angst machst,
bitte ich um Hilfe.

Nenn mich leicht zu haben.
Wenn ich dir nachgebe,
dann weil ich es so will.
Nenn mich bedürftig.
Ich lasse mich von dir nicht wie Dreck behandeln.
Nenn mich peinlich.
Ich stelle dich trotzdem zur Rede.
Nenn mich anhänglich.
Wenn ich dich begrüße,
tue ich das nicht für dich.
Nenn mich hysterisch.
Ich lasse mich nicht mehr von dir benutzen.
Nenn mich Baby.
Meine Tür bleibt dir trotzdem verschlossen.

Und weißt du, warum?
Weil es meine Entscheidung ist,

was ich anziehe,
was ich tue,
was ich glaube.
Du hast keine Macht mehr über mich.

Ruelle - Up in flame

Phönix

Es heißt,
dass der Phönix aus der Asche wieder aufersteht.
Manchmal frage ich mich,
ob nicht in uns allen ein Phönix steckt.
Wir alle haben schon einmal neu anfangen müssen.
Wir alle standen schon einmal
vor den Trümmern unseres Lebens.
Wir hatten die Wahl.
Wir hätten aufgeben können,
oder wir machen weiter.

Wir alle kennen dieses kalte Gefühl im Magen,
wenn wir wissen, dass alles verloren ist.
Dass unser Leben gerade in Trümmern liegt
und nichts mehr ist wie zuvor.
Im ersten Moment überwiegt die Verzweiflung.
Man fragt sich: warum ich?
Warum musste ausgerechnet mir das passieren?
Aber das hilft nicht, und sobald wir das erkennen,
bleibt uns nur, uns zusammenzureißen
und den Neuanfang zu wagen.

Ich weiß, es ist schwer.
Ich weiß, es fühlt sich manchmal unmöglich an.
Ich weiß, es ist verführerisch,
einfach auf dem Boden sitzen zu bleiben
und sich selbst zu bemitleiden,
weil das Leben ungerecht ist
und so viele Menschen gemein sind.
Aber das bringt dich nicht weiter.
Selbstmitleid und Jammern
bauen dein Leben nicht wieder auf.
Du kannst es nicht rückgängig machen.
Es ist passiert.
Und jetzt kannst du dich nur wieder aufrappeln,
wie der Phönix aus der Asche emporsteigen
und dein Leben wieder in die Hand nehmen.

Ich weiß, du denkst, ich habe leicht reden.
Aber auch ich stand schon
in den rauchenden Trümmern meiner Existenz.
Auch ich habe an mir selbst gezweifelt und gedacht,
ich würde das nie hinkriegen,
mein Leben wieder von Grund auf neu aufzubauen.
Aber ich habe es geschafft.
Stein für Stein.
Es geht nicht über Nacht.
Es dauert.
Es ist anstrengend.
Du wirst an dir zweifeln.

Du wirst ab und an in Tränen ausbrechen
und alles hinwerfen wollen,
aber was bringt es dir, in Ruinen zu leben?
Gar nichts.

Ich weiß, ich kann ein Phönix sein.
Ich kann aus der Asche auferstehen.
Und wenn ich wieder
in den Trümmern meines Lebens stehe,
dann schaffe ich es auch ein weiteres Mal.
Stein für Stein.
Schritt für Schritt.

Ich kann ein Phönix sein.
Ich kann überleben.
Ich kann die Verzweiflung besiegen.
Ich kann alles wiederaufbauen,
besser als zuvor!
Ich kann das.
Ich habe es ja schon einmal gemacht.
Ich kann mich selbst aufrecht halten.
Ich kann meine Tränen trocknen,
und ich kann kämpfen.
Ich kann ein Phönix sein,
und du kannst es auch.

Andra Day – Rise up

Soundtrack

Freya Ridings – Ultraviolet
Lifehouse – Storm
Demi Lovato – Warrior
Fink – Looking too closely
Skunk Anansie – Weak
Lewis Capaldi – Bruises
Morten Harket – Brother
Wonderwall – Just more
Freya Ridings – Lost without you
Michael Patrick Kelly – Forever Young
Andra Day – Rise up
Zoe Wees – Control
Paula Dalla Corte feat. Samu Haber & Rea Garvey –
Someone Better
The Weepies – World spins madly on
Lauren Daigle – Still Rolling Stones
Lauren Daigle – Rescue
Silbermond – Irgendwas bleibt
Calum Scott – You are the reason
London Grammar – Strong
Sia – Helium
Allison Miller – Let my love open the door
Gabriel Mann – Only you
James Vincent McMorrow – Higher Love
The GooGoo Dolls – Iris
Denmark + Winter – Enjoy the silence
Rag'n'Bone Man – Odetta
Ilse Delange – Leiser
Liz Longley – This is not the end

Anna Akana – Need you now
Lauren Daigle – You say
Tyrone Wells – Running around in my dreams
Lord Huron – The night we met
Jetta – Feels like coming home
The Perishers – Pills
Max Giesinger – Alles auf einmal
Bear McCreary – Moch Sa Mhadainn
Alessia Cara – Scars to your beautiful
MoTrip – 80 Millionen
The Wailin Jennys – Begin
Infinity – One hundred years
James Blunt – Same mistake
Lady Gaga & Bradley Cooper – Shallow
Avril Lavigne – Head above water
Freya Ridings – Poison
Nelly Furtado – Try
ABBA – One of us

ANDREA BENESCH

DARK
Rose

GEDANKEN, GEFÜHLE,
GEDICHTE

DARK ROSE – Gedanken, Gefühle, Gedichte
Andrea Benesch

Taschenbuch: 9783903248649, 360 Seiten, € 16,90
E-Book: 9783903248489, € 6,99
Hardcover: € 19,90 (nur auf www.andrea-benesch.de)

Verlag SchriftStella
Erschienen im Juni 2020

Was machst du, wenn sich die Gedanken in deinem Kopf überschlagen? Wenn sich die Gefühle zu einer gigantischen Welle auftürmen und alle Dämme zu brechen drohen?

Ich schreibe. Zeile um Zeile, Strophe um Strophe, Gedicht um Gedicht banne ich meine Gedanken, meine Gefühle, meine Seele auf Papier. Ich schließe sie ein und verarbeite, was mich sonst zu übermannen versucht.

Ich hoffe, meine Worte berühren dich, begleiten dich und bedeuten dir so viel wie mir.

**Dark Rose bin ich und vielleicht auch
ein kleines bisschen du?**

TINTENTRÄNEN – Gefühle auf Papier
Andrea Benesch

Taschenbuch: 9783903248496, 200 Seiten, € 9,90
E-Book: 9783903248564, € 2,99
Hardcover: € 12,90 (nur auf www.andrea-benesch.de)
Verlag SchriftStella
Erschienen im Juni 2020

Wie gehst du mit Gefühlen um? Wenn die Emotionen hohe Wellen schlagen und der Schmerz einfach zu groß wird? Ich schreibe. Ich verwandle meine Gefühle in Tintentränen und lasse sie aus mir fließen, bis der Druck nachlässt. Ich schließe meinen Schmerz, meine Trauer, all meine Gefühle in meinen Worten ein und banne sie auf Papier.

Das ist meine Art, mit dem Schmerz umzugehen. Die Worte kommen zu mir, wann immer mir alles zu viel wird. Sie tauchen in meinem Kopf auf und sorgen dafür, dass ich mir alles von der Seele schreiben kann. Sie sind meine Rettungsleine, mein Fels in der Brandung, mein sicherer Hafen.

Vielleicht können sie das auch für dich sein. Fang meine Tintentränen auf, lass sie in dein Herz, und ich hoffe, sie können auch dir dabei helfen, so manches zu verstehen und zu verarbeiten. Das wäre mein größter Wunsch.

Andrea Benesch

Paper cuts

Tränen, Worte, Gedichte

PAPERCUTS – Tränen, Worte, Gedichte
Andrea Benesch

Taschenbuch: 9783753402826, 208 Seiten, € 9,90
E-Book: 9783753466989, € 2,99
Hardcover: € 12,90 (nur auf www.andrea-benesch.de)
Erschienen im Februar 2021

Manche Wunden reichen tief. Sie hinterlassen Narben. Schnitte auf der Seele, wie Papercuts. Sie sind klein, aber sie brennen ganz fürchterlich. Und manchmal bluten sie sogar.

In meinem Fall bluten sie Worte und Tinte.

Tropfen um Tropfen formen sie Buchstaben und Worte, Gedicht um Gedicht. Sie sind ein Teil von mir, und wenn du sie liest, werden sie auch ein Teil von dir.

Lass dich mitnehmen auf eine Reise durch meine Seele, und vielleicht erkennst du auch ein Stück von dir in meinen Worten.

DANK*sagung*

Ich weiß, Corona hat unser aller Leben verändert, und vielen schlagen die Einschränkungen und die wirtschaftliche Unsicherheit aufs Gemüt. Dass sich aber trotzdem so viele von euch die Mühe machen, meine Gedichtbände nicht nur zu lesen, sondern mir auch noch Feedback zu geben, bedeutet mir unheimlich viel.

Danke für eure E-Mails, PNs, Storys, Rezensionen und allgemein für alles. Ich bin eine Autorin wie jede andere und freue mich über jedes positive Feedback von euch wie eine Schneekönigin. Aber auch eure Kritik ist mir sehr willkommen. Ich liebe den Austausch mit euch und hoffe, dass ihr auch weiterhin den Kontakt mit mir sucht.

Ein großes Danke geht auch an Bianca von Cover Up – Buchcoverdesign für das wundervolle Cover, das sie für „Seelensplitter" gezaubert hat. Ich liebe es, und es könnte einfach nicht besser passen.

Vielen Dank an Isabelle, meine Lektorin, dein scharfes Auge hat die Tippfehler das Fürchten gelehrt!

Außerdem muss ich, wenn ich ehrlich bin, auch meiner Muse danken. Ja, ich beschwere mich oft über dich, aber ich bin dir auch unheimlich dankbar. Du hast mein Leben gerettet, das wissen wir beide. Außerdem könnte ich ohne dich die Dunkelheit und die Gefühle nicht meistern. Obwohl es wirklich fies von dir ist, mich regelmäßig nachts wach zu halten oder sogar zu wecken, das musst du zugeben! Trotzdem: Danke für alles, meine Muse!

ÜBER *die Autorin*

Ich habe Geschichte und Germanistik an der Heinrich-Heine-Universität in Düsseldorf studiert. Anschließend habe ich eine Promotion in Siegen begonnen, diese aber bis auf Weiteres zugunsten meiner Tätigkeit als freie Lektorin aufgegeben. Mehr dazu ist hier zu finden: www.lektorat-federundeselsohr.de

Neben dem Schreiben von Gedichtbänden und meiner Arbeit lese ich leidenschaftlich gerne und rezensiere Bücher auf meinem eigenen Blog *Feder und Eselsohr* (www.federundeselsohr.de). Ihr findet mich als *Dark Rose* in verschiedenen Schreibweisen in so ziemlich jeder Buchcommunity und unter dem Namen meines Blogs in den sozialen Medien:

Facebook (Andrea Benesch/Feder und Eselsohr)
Twitter (FederEselsohr)
Instagram (Feder und Eselsohr)
YouTube (Feder und Eselsohr)

Außerdem habe ich seit Kurzem auch eine eigene Autorenseite samt Onlineshop:

www.andrea-benesch.de